Weihnachten hat es nie gegeben!

Das kleine Buch vom Nichts, das Alles ist

von Andreas Müller

Impressum

Bibliografische Information der Deutschen Nationalbibliothek:
Die Deutsche Nationalbibliothek verzeichnet diese Publikation in der Deutschen Nationalbibliografie; detaillierte bibliografische Daten sind im Internet über www.dnb.de abrufbar.

Covergestaltung: Maren Roloff

Herstellung und Verlag:
BoD – Books on Demand, Norderstedt

ISBN: 978-3-7357-2182-2

Für

Nikhila, Soham

und

Tony

Inhalt

Einleitung

Liebe Leserinnen und Leser,

ich freue mich, dass Sie sich, zumindest bis hierhin, von diesem Buch angesprochen fühlen. Das Erstaunliche ist: Sie haben ein Buch erstanden, in dem es um nichts geht. Passen Sie gut auf: Es geht nicht nur um Nichts, sondern auch um nichts. Wenn Sie jetzt dazu neigen, das Buch enttäuscht beiseite zu legen, ich würde es Ihnen nicht verübeln.

Auch wenn Sie nach wie vor eine Lösung für Ihr Leben suchen, enttäusche ich Sie gerne. Hier wird Ihnen keine geboten. Auch Ihr scheinbares Ende stellt nicht die Lösung dar, die Sie sich vorstellen. Denn Sie werden nichts davon haben. Ohne ‚Ich' ist nichts, das hält und besitzt, das weiß und kennt, das einverleibt und abstößt. Ohne ‚Ich' ist einfach nur, was erscheint. Unhaltbar und unkontrolliert.

Wenn sich klares Sehen offenbart – wobei es natürlich so etwas wie 'klares Sehen' nicht gibt – ist nichts mehr, wie es war, aber alles bleibt beim Alten. Selbst wenn das scheinbare Wegfallen der Energie von scheinbarem Getrenntsein nicht bemerkt wird, so wie es beim Autor dieses Buches geschehen ist, und auch weiterhin nicht bemerkt wird, kann überraschenderweise trotzdem 'davon' gesprochen werden. Wichtig ist jedoch, dass, wie auch immer man es nennen mag, sei es Erleuchtung oder Befreiung oder klares Sehen, es nichts mit einem persönlichen Wissen, Verständnis, Erkennen oder Sehen zu tun hat, das 'man' haben kann oder einmal hat und dann für immer besitzt. Das Sprechen ist völlig direkt und unmittelbar. Ohne dazwischengeschaltete, wissende Instanz. Ohne Geschichte, also auch ohne Zusammenhang. Es ist immer, aber immer neu. Zeitlos; findet außerhalb von Zeit und Raum statt. Auf keinen Fall ist da jemand, der es hat.

Auf den folgenden Seiten finden Hinweise und Beschreibungen dessen statt, was mir selbst in höchstem Maße unbekannt ist, mich aber auf mysteriöse Weise erfasst und ausgelöscht hat. Letztlich ist mir völlig unbekannt, warum diese Zeilen geschrieben werden, aber im Schreiben dieser Zeilen wird, zumindest für mich, eine feine, wunderbare Freude spürbar.

„Ich bin nicht tot. Ich habe kein anderes Leben. Ich bin nicht 'nur Bewusstsein'. Ich bin nicht. Von mir kann weder gesprochen werden, noch bin ich „befreit“. Ich bin niemals „erleuchtet“.“

- Ribhu,

aus der Ribhu Gita[1], 19.36(2)

Es gibt keinen Meister, keinen Schüler, nichts Unveränderliches, nichts Gutes oder Schlechtes, keinen Übergang zu Form, keine getrennte Form, keine Befreiung, und keine Unfreiheit.“

-Ribhu,

aus der Ribhu Gita, 23.7 [3]

Das Spiel beginnt

Können Sie sich menschliches Leben vorstellen, in dem es um nichts geht? Ein Leben ohne Ziel und ohne Sinn? Gefüllt mit vollkommener Leere? Ein Leben ohne Wahrheit und Moral? Wenn Sie jetzt innerlich mit einem 'Ja' antworten, beglückwünsche ich Sie, denn, ob Sie es nun glauben oder nicht, Sie leben bereits ein solches Leben, bzw. nicht *Sie* leben ein solches Leben, Ziel- und Sinnlosigkeit sind bereits der Fall. Man könnte diese Eigenschaften als Attribute des Lebens, bzw. von Lebendigkeit an sich, bezeichnen. Alle Dinge und Vorgänge sind Erscheinungen, ihrem Wesen nach leer und ohne wahre, inhaltliche Essenz. Dass Ihnen die Leerheit aller scheinbaren Dinge, einschließlich Ihrer selbst, und der scheinbaren Vorgänge bis jetzt nicht aufgefallen ist, liegt daran, dass Sie sich aller Wahrscheinlichkeit nach (noch?) für existent halten. Ja, vermutlich halten Sie sich tatsächlich in sonderbarer Weise – darauf kommen wir gleich noch zu sprechen – für existent. Sie betrachten sich, wie übrigens die meisten scheinbaren Menschen auf dieser scheinbaren Welt, als ein autonomes, selbstbestimmtes, mit einem freien Willen ausgestattetes, menschliches Wesen. Es ist diese eigentlich nur scheinbar existierende Person, die den Vorgängen, von denen Sie glauben, dass sie Ihr Leben ausmachen, einen scheinbaren Sinn verleiht. Tatsächlich findet alles, was erscheint und nicht erscheint, ja, sogar das Erscheinen an sich, ohne jeglichen Zusammenhang und vor allem ohne Ihr Zutun statt. Das mag auf den ersten Blick befremdlich klingen, aber das tut es auch auf den Zweiten.

Mit der Aussage – „ohne Ihr Zutun" - werden Sie schon jetzt, zu Beginn des Buches, mit einer unvorstellbaren Botschaft; ja, vielleicht mit einer völlig neuen Möglichkeit des Seins konfrontiert, nämlich der, dass Sie gar nicht existieren! Selbst bei einem weiteren Lesen kann diese Botschaft eher Unverständnis als Zustimmung und Wohlbehagen auslösen, zumal 'Sie' bis jetzt der Mittelpunkt Ihres Lebens waren. Doch ja, man könnte sagen:

Sie, bzw. die Person, die Sie bisher glaubten zu sein, gibt es nicht! - Ja, wirklich, es gibt Sie nicht!!

Das Dilemma ist, dass man das als sich getrennt wahrnehmendes, scheinbares Wesen nicht verstehen oder erfahren kann. Je mehr Sie versuchen werden, DAS zu verstehen oder zu erfahren, desto eher werden Sie sich von DEM getrennt fühlen. Unter Umständen können Sie das im weiteren Verlauf des Buches selbst erfahren. Vielleicht auch nicht. Noch einmal: Sie können die Tatsache, dass Sie nicht existieren, nicht verstehen! Wie kann etwas, das nur daraus besteht, scheinbar zu existieren, durch glauben/verstehen/erkennen, davon überzeugt werden, nicht zu existieren? Es ist schlichtweg unmöglich.

Keine Antwort

Insofern ist die Frage nach Ihrer Existenz ohne Antwort! Und wäre da nur diese Frage – die Frage nach Ihrer selbst, oder um es anders zu sagen, wäre da nur der Hilferuf des scheinbaren Ich nach Einheit, es käme keine Antwort. Keine allmächtige Stimme, die Ihnen die Wahrheit zuruft, sondern einfach nur: Nichts, Stille, Pause... ...alles andere, jede Antwort, die Sie jetzt bekämen, wäre eine vom Verstand erzählte Phrase, die Ihren Hunger nach Einheit in keinster Weise stillen kann. Gut, vielleicht driften Sie für ein paar Momente in die Trance des intellektuellen Wissens über „die Wahrheit“ - :-) - ab, aber letztendlich lässt Sie das noch unbefriedigter zurück als zuvor. Und mir nichts, dir nichts, taucht die nächste Frage auf, oder die soeben gestellte sucht sich eine neue Bestätigung. So kann der Verstand nichts Anderes, als die von ihm geglaubte Wahrheit gebetsmühlenartig wiederzukäuen, um den nahezu zeitgleich aufkommenden Zweifel im Keim zu ersticken. Das wären dann so wunderbare Mantren wie „Wir sind Eins“ - „Ich bin Gott“ - „Alles ist Bewusstsein“ - „Wir sind alle glücklich'“, eben all dieser spirituelle Quatsch, der heutzutage auf jedem Buddha-Kalender zu finden ist und an den der Verstand so gerne glauben möchte. Es wird erst klar gesehen, wenn das sich als getrennt wahrnehmende Ich eine Pause einlegt und verschwindet.

Leider?

Leider (?) können Sie zu Ihrem Verschwinden nichts beitragen. Trotzdem geht es in diesem Buch um nichts weniger als um Ihren Tod. Natürlich können sie, wie bereits oben erwähnt, nichts zu Ihrem Tod beitragen, aber wieso sollten Sie auch? Was hätten Sie denn von Ihrer Abwesenheit? Richtig: Nichts.

Womit wir wieder beim Thema wären ... ... Nicht-Zweiheit ist leider (?) nur dann möglich, wenn 'Sie', das scheinbar Zweite, verschwinden.

Ja, so einfach ist es! Und für Sie natürlich völlig unmöglich – sie existieren ja gar nicht als das, was Sie glauben zu sein: Ein autonomes Wesen, das in einer Welt aus nur realen Dingen, Zusammenhängen, Prozessen und was es für Sie sonst noch an materiell und immateriell Benennbarem gibt.

Die Welt

Womit wir schon beim nächsten Ausflug in einen Bereich dieses geheimnislosen Mysteriums wären: Das, was Sie die Welt nennen. Das, was Sie für echt halten. Vielleicht können Sie es sich schon denken, und ja, Sie haben Recht. Die Welt, das Universum, ja, alles, was Sie scheinbar kennen, und auch so wahrnehmen, gibt es nicht in dem Sinne, wie Sie es gewohnt sind. Zusammen mit der Wahrnehmung, jemand zu sein, erscheint auch die Wahrnehmung einer Welt.

Man könnte sagen, weil Sie sich als 'Etwas' betrachten, projizieren Sie diese Sichtweise automatisch auf alles, was erscheint. So wird aus dem, was einfach nur ist, und nicht benannt werden kann – Einheit – eine Welt aus voneinander getrennten Dingen. Man könnte sagen, dass wegen 'Ihnen', Einheit aufgespalten wird, in 'Sie' und die Welt. Dabei nehmen Sie sich als ein Ding wahr, das scheinbar real ist und erkennen deshalb alles auch nur als voneinander getrennte Dinge, die ebenfalls real scheinen. Eine kleine Beschreibung: Während Sie diese Worte lesen, halten Sie wahrscheinlich sich, das Buch, das sie in den Händen haben, das Bett oder das Sofa auf dem sie liegen oder sitzen für real existierend, ebenso die Erdkugel auf der Sie glauben, zu leben, usw...

Diese Dinge werden nie wirklich in Frage gestellt. Und natürlich kann Ihnen das auch niemand verübeln, denn das ist einfach, wie Sie das, was erscheint, erfahren. Als eine Welt aus lauter verschiedenen Teilchen. Sie, das Bett, der Stuhl, das Zimmer. Alles Dinge, die sie so wahrnehmen, als ob Sie in Wahrheit existierten und die Sie glauben, zu kennen.

'Ohne Sie' ist das einfach nur, was scheinbar ist. Ein scheinbarer Jemand, ein scheinbarer Raum – sei es nun ein Zimmer oder eine Atmosphäre, scheinbares Lesen, etc.

Während Sie all diese scheinbaren Dinge erfahren, ist es einfach nur Sein. Einheit, die als das erscheint - 'Sie' mit eingeschlossen.

Nicht-Etwas

Was ist dann die Welt, werden sie vielleicht fragen. Nichts, natürlich ist die Welt nichts. Es gibt sie nämlich gar nicht. Es gibt gar keine Dinge, die real in Zeit und Raum existieren. Die Wahrnehmung von Zeit und Raum, ja, die Wahrnehmung von etwas Existierendem, ja, eigentlich Wahrnehmung an sich, entspringt der künstlichen Realität des scheinbar getrennten Ich. 'Ohne Sie' ist nur, was erscheint. Und das ist Nicht-Etwas. Da ist nur Nicht-Etwas. Und das ist auf keinen Fall etwas. Also: Kein Universum, keine Welt, kein 'Sie', kein Ich und auch sonst nichts. Alles nur Nicht-Etwas, das erscheint, als etwas.

Und Sie?

Ja, richtig, und Sie? Sie müssten jetzt eigentlich nur noch verschwinden .... ach so stimmt ja, ... da ist ja niemand, der verschwinden kann.

„Ich“ - eine Beschreibung

„Sie“, bzw. das, was sich selbst 'Ich' nennt, ist am ehesten zu beschreiben als Energie. Eine Energie von scheinbarer Trennung. Es ist nichts, dass nur in ihrem Kopf stattfindet; es ist weder der Verstand, noch ist es ein Gedanke. Ja, ‚Ich' ist kein Gedanke, und obwohl es letztlich auch nur erscheint, ist es weit mehr. Es ist die Wahrnehmung und das Empfinden, wirklich 'jemand' zu sein, und das reicht tiefer als ein bloßes Gedankenkonstrukt. Es ist eine Art Energie, scheinbar im Körper verfestigt; ein künstliches Zentrum. Etwas (scheinbar), das in einer gefühlsähnlichen Wahrnehmung eines eigenen essentiellen Seins lebt. Sie glauben nicht nur, jemand zu sein, nein, Ihr ganzes Empfinden, Fühlen und Denken lässt Sie sich als getrenntes Ich wahrnehmen.

Da es so eine eigene, separate Instanz 'Ich' nicht gibt, spreche ich meistens vom scheinbaren Ich. Doch es ist klar, dass auch das nicht existiert. Auch das scheinbare Ich ist eine Erscheinung, die wie alles andere, einfach erscheint. Eben nicht als Realität; es ist Einheit, Nicht-Etwas, das als etwas erscheint. Denn selbst wenn hier gesagt wird, dass es sich beim scheinbaren Ich um eine Energie handelt, ist das doch eher als Beschreibung zu verstehen, denn als Realität.

Traumwelt

Scheinbar 'Jemand' zu sein heißt, in einer eigenen Welt zu leben, einer Art künstlichen Realität. Es ist der Traum des Getrenntseins. Ihr ganzes Leben spielt innerhalb einer Matrix, die nur aus einer Subjekt-Objekt-Wahrnehmung besteht. „Hier im (Körper) bin ich“ und „da draußen ist die Welt, getrennt von mir“. Dieser Traum besteht aus der permanenten Wahrnehmung von 'Ich bin'. Der scheinbare Jemand lebt in Zeit und Raum, scheint Entscheidungen zu treffen und über einen freien Willen zu verfügen. Seine Wahrnehmung ist geprägt von 'auf einem

Weg sein', von der Wahrnehmung von Ursache und Wirkung, sowie der scheinbaren Existenz von Sinn und Bedeutung, Gesetzmäßigkeiten und Wahrheiten. Hinzu kommt eine Unzahl verschiedenster Geschichten über die Welt, über die Vergangenheit, das Jetzt und die Zukunft, von Philosophien über die eigene Geschichte, die Geschichte der Welt und des Universums, ja schlicht, über alles. Es ist die ureigenste Eigenschaft des scheinbaren Ich, in Geschichten zu leben. Denn Geschichten spielen in Zeit und Raum und es sind diese Geschichten, die die Realität des scheinbaren Ich ausmachen. Für das scheinbare Ich sind es eben nicht nur Geschichten, sondern sie scheinen real zu sein. So befindet es sich zeitlebens in scheinbarem Wissen und Kenntnis darüber, was gerade passiert, wer und wie 'Ich' ist, wer oder wie die anderen sind, was früher passiert ist, dass es eine Welt gibt und wie sie funktioniert.

Es ist, als ob Sie alles durch den Filter dieser künstlichen Realität betrachten.

Und genau das ist unbefriedigend!

Realität

Was real ist, ist das, was ist. Aber Nicht-Etwas ist.

Was real ist, kommt nicht und geht nicht.

Was real ist, ist nicht immer. Es ist! Und ist nicht.

Was real ist, ist absolut, das, was ist. Nichts Anderes.

Es gibt nichts Anderes, als das, was ist.

Was real ist, ist real und irreal, eine Erscheinung.

Was erscheint, ist alles, ist ungeteilt, ist DAS.

Was erscheint, ist kein Traum, es ist traumgleich.

Was erscheint, ist keine Illusion. Es ist! Und ist nicht.

Was erscheint, ist das Wunder des Seins, das zwar Nicht-Etwas ist, aber als Alles erscheint.

Zeitlos, grenzenlos, weder starr noch beweglich, weder tot noch lebendig.

Realität ist ein zeitloses Wunder.

Suche

Scheinbare Trennung ist die Vertreibung aus dem Paradies. Sobald 'Sie' sind, ist Suchen. Das ist, wie es ist. Es gibt keine Verbindung zwischen Realität und Traumwelt. Die Wahrnehmung von Trennung kann von dem, das sich als getrennt wahrnimmt, nicht aufgelöst werden, denn da ist niemand. Die einzige Funktion dieses scheinbaren Ich besteht darin, sich als 'Ich' wahrzunehmen. Mehr macht es nicht. Solange ‚Sie' also scheinbar existieren, ist scheinbare Trennung. Sobald scheinbare Trennung ist, ist Leben in einer Traumwelt. Leben in einer Traumwelt ist unbefriedigend. Suchen beginnt. Die Wahrnehmung des scheinbaren Getrenntseins kann variieren. So kann die scheinbare Suche völlig unbemerkt oder unbewusst von statten gehen, sehr subtil sein oder den scheinbaren Sucher in tiefe Verzweiflung stürzen. Und doch: Allen gemeinsam ist die Wahrnehmung, dass das, was erscheint, nicht alles ist; dass es scheinbar nicht genügt und unvollkommen ist.

Jede Suche kommt aus der Wahrnehmung von Trennung. Es gibt kein 'Ich', das nicht sucht. 'Ich' sein bedeutet suchen. Sei es nun Geld, Frieden oder Erleuchtung. Es ist alles für's Ich!

Das Drama

Das scheinbare Ich glaubt, wirklich zu sein. Ja, es glaubt tatsächlich am Leben zu sein und eins zu haben. Und es glaubt, die Zügel in der Hand zu halten. Leben 'tun' zu müssen. Es hat wahnsinnige Angst nicht zu sein, einfach zu sterben und zu verschwinden. Und so glaubt es, überleben zu müssen. Das ist die Situation des scheinbaren Ich: der ewige, nackte Kampf ums Überleben. In der Welt, in der Gesellschaft, in der Familie, überall. Dabei wünscht es sich so sehr, einfach nur zu sein. Einfach nur sein.

Leben, ein Leben haben, überleben müssen: Das ist das Drama!

Wissen Sie, es ist so einfach: Da lebt niemand. Niemand hat ein Leben. Es ist so ... ach ... es ist so köstlich. Sie wurden niemals geboren und Sie werden niemals sterben. Sie haben niemals gelebt.

Schande

Sich als 'Jemand' zu erfahren, ist keine Schande. Es ist das, was erscheint. Niemand macht das. Es ist Einheit, die als das erscheint. Da ist nur Einheit. Also seien Sie beruhigt: Es liegt nicht an Ihnen. Sie haben es nicht verbockt. Da ist gar kein 'Sie'. Auch scheinbare Trennung ist, was erscheint; ist Einheit, die als das erscheint. Völlig unpersönlich und von niemanden gemacht. Es ist nicht Ihre Schuld, dass Sie noch sind. Niemand trägt die Verantwortung dafür. Es ist einfach so ... scheinbar.

Es ist erstaunlich. Was erscheint, erscheint einfach nur. Ohne Ziel und ohne Sinn. Was erscheint, hat keine Absicht. Einheit hat nicht den geringsten Grund, nicht als scheinbare Trennung zu erscheinen. Denn da ist nur Einheit. Es geht nirgendwo hin. Keine Bewegung in Zeit. Keine Bewegung in Raum. Es ist DAS.

Wege

Keine scheinbare spirituelle Übung führt zum Ende des Ich, abgesehen davon, dass da sowieso niemand existiert, der sich je dazu entschieden hätte, eine spirituelle Praxis aufzunehmen. Genauso wenig hat sich je jemand dazu entschieden, Gott an die erste Stelle in seinem Leben zu setzen oder sich DEM völlig hinzugeben. Es kursieren die – um aus einer ebenso fiktiven Perspektive der Einheit zu sprechen – verrücktesten Ideen über Voraussetzungen und Bedingungen, damit das, was bereits ist, sein kann: reiner werden, authentischer werden, sich intensiver Einheit herbeizusehnen, demütiger werden, verwundbarer werden, offener werden, gleichgültiger gegenüber spirituellem Fortschritt werden, etc., etc.. Solange Sie sich in der Tretmühle der Bedingungen befinden, befinden Sie sich in der Welt des scheinbaren Ich. Allerdings möchte ich Sie an dieser Stelle nochmals darauf hinweisen, dass Sie sowieso nicht existieren, d.h. dass da keine Wahl ist, ob Sie verwundbarer werden wollen um das Eine zu finden oder authentischer werden wollen um das Eine zu finden und es dann auch tatsächlich werden. Wie schon gesagt, auf einem scheinbaren spirituellen Weg sein, ist, was scheinbar passiert, ist absolute Einheit, ist bereits Das.

Trotz allem: Sie können DEM nicht entkommen, völlig egal wie viele Niederwerfungen Sie noch vollführen werden. Keine dieser Niederwerfungen wird Sie Ihrem ausgedachten Ziel näher bringen, denn jede einzelne Niederwerfung ist bereits das, was Sie suchen. Nur weil Sie sich – und ja, ich weiß, dass da niemand ist, der das tut – von dem, was einfach nur passiert, scheinbar abspalten, können Sie das So-Sein, das grundlose 'Schon-das-sein' jeder Niederwerfung nicht schmecken. Nichts, das als was auch immer, erscheint, ist so wunderbar köstlich, allerdings – ja, Sie ahnen es schon – für niemand, unendlich köstlich!!

Das scheinbare Ende vom Ich ist möglich! Noch besser: Da ist kein 'Ich'.

Bewusstsein – die erste Trennung

„Bewusstsein ist eine PR-Aktion des Gehirns, damit Sie glauben, Sie hätten auch was zu sagen“ - Allan Snyder (Gehirnforscher)[4]

Ja, sobald Sie sich Ihrer selbst bewusst sind, ist es schon zu spät. 'Ich bin' ist schon zu viel. Plups – schon sind Sie da. Sie erfahren sich! - als Etwas, als etwas Eigenes. Ist das nicht erstaunlich? Diese kleine scheinbare Bewegung, dieses kleine Scheinbare ist der Same für die ganze Welt. Hier beginnt das Spiel von Ich und Du, von der Welt und dem Universum, von Urknall und Schöpfung. Dieses scheinbare Etwas, das man schon gar nicht mehr 'Ich' nennen kann, das schon eher anmutet wie ein unpersönliches, nicht zu findendes Etwas, eine Instanz, ein stiller Beobachter, ja, vielleicht eben jenes Bewusstsein, dass es anscheinend gilt, zu sein, ist der Same. Der Same der Trennung. Da ist kein Beobachter, der alles sieht.

Bewusstsein, die 2. oder 'Ich bin'

Das, was erscheint, hat nichts mit Bewusstsein zu tun. Sobald da eine Wahrnehmung, quasi ein Wissen über ein Selbst ist - "Ich bin mir meiner selbst bewusst", ist da scheinbare Trennung. Man kann sich Einheit nicht bewusst sein, denn dazu bräuchte es etwas, das von Einheit, also von dem, was erscheint, getrennt ist. Da ist aber nichts! Auch das "Ich bin" - Gefühl, das viele beschreiben, hat hiermit nichts zu tun, denn "Ich bin" ist offensichtlich scheinbare Trennung. Bewusstsein oder Gewahrsein sind Geschichten innerhalb einer persönlichen Erfahrung.

Das Ende

Selbstverständlich kann Ihr Verstand versuchen, ein Konzept von 'Da ist nur Das' auf eine sehr oberflächliche Art und Weise zu akzeptieren, anzunehmen oder sonst etwas Ähnliches damit zu machen, aber er wird dieses 'Da ist nur Das' nie wirklich verstehen, durchdringen und jemals in der Wahrnehmung dessen leben. Jede Instanz, die das, was erscheint, wahrnehmen könnte, müsste davon getrennt sein, um es wahrnehmen zu können. Da aber außer dem, was erscheint, nichts ist, kann das, was erscheint auch von niemandem wahrgenommen werden.

Merken Sie es? Hier wird tatsächlich von Ihrem Ende gesprochen. Das Ende von Kennen, das Ende von Wahrnehmung, das Ende eines eigenen Seins.

Erst wenn Sie ausgelöscht sind, ist das Ende erreicht. Dann werden Sie nichts sein ... und alles!

Das Ende 2

„Das ist das Ende, mein einziger Freund, das Ende."

- Jim Morrison, The Doors [5]

Ja, der Tod kann kommen, wie er kommt. Plötzlich, unerwartet, auf leisen Sohlen, heftig, mit einem langen Todeskampf. Es gibt keine Bedingungen, keine Regeln. Das 'Ich' wird sterben, wie es eben stirbt – und dann, oh Wunder – niemals war da etwas, das gelebt hat und gestorben ist.

Kommt es jedoch zum Todeskampf, so geht es wohl nicht selten ohne eine gehörige Portion Dramatik. Wie schon gesagt, für das scheinbare Ich geht es um alles. Sein oder Nicht-Sein, Leben oder Tod. Und plötzlich, oh wie klar, nimmer nie, war's Ichlein da.

Das Ich, das es nicht gibt – oder: The missing link

1. Fragen:

Sind Sie auf der Suche nach einem fehlenden Stück, dem Missing-Link? Haben Sie fast alles zusammen, aber eben nur fast? Fehlen Ihnen nur noch ganz wenige Teile des Puzzles? Sind sie knapp davor, das ganze Bild zu sehen?

2. Antwort:

Es gibt kein Missing-Link, genauso wenig, wie es ein Ich, geschweige denn ein scheinbares Ich gibt. All das sind Beschreibungen für Unbeschreibares. Wir reden vom scheinbaren Ich? - Das ist eine Erscheinung. Unmöglich, es dingfest zu machen. Unmöglich etwas zu verstehen, das nicht existiert. Unmöglich zu durchschauen, was nicht zu durchschauen ist. Niemand trickst Sie aus. Sie sind der Trick.

Freude

Was vorher unvollkommen war, ist jetzt vollkommen!

Was vorher zwei war, ist jetzt eins.

Was ist, das ist jetzt alles.

Natürlich ist da Freude, aber es ist keine Freude 'über' etwas. Es ist die Freude der Vollkommenheit, die Freude der Lebendigkeit. Nichts, das man haben könnte ...

Vorher – Nachher

Es gibt kein Vorher – Nachher. Das sind nur Geschichten. Da ist nur, was erscheint! Bei 'da ist nur, was erscheint' bleibt kein Platz für Vorher – Nachher; keine Bewegung in Zeit, niemand, der sein oder nicht sein könnte. Diese ganze Erleuchtungssache ist ein großer Witz. Glauben Sie nicht, dass Sie irgendwas tun müssten, und sei es auch nur zu verschwinden. Es hat nichts mit Ihnen zu tun.

Sie werden nichts davon haben

Befreiung, Freiheit kann nicht erlebt werden, denn sie ist unpersönlich und untrennbar mit Ihrer eigenen Auslöschung verbunden. Sind 'Sie' weg, ist Vollkommenheit; sind 'Sie' da, ist das Vollkommenheit, nur Sie bemerken es nicht. 'Sie' – das scheinbar getrennte Ich - sind die Erfahrung von Getrenntsein. Nicht 'Sie' machen oder haben eine Erfahrung von Trennung – 'SIE' SIND TRENNUNG!!! D.h. falls Ihre, vielleicht so sehnlich herbeigesehnte Erleuchtung tatsächlich eintritt - wobei man betonen muss, dass sie nie eintreten wird - sie nicht existiert, sondern vielmehr eine Vorstellung innerhalb der Geschichte Ihres 'Ich' ist - werden 'Sie' von ihr nichts mitbekommen. Wenn man so weit in eine Geschichte über die Vorkommnisse des Lebens abdriften will, könnte man sagen, dass 'etwas' wegfällt. Nun ja, hier muss angemerkt werden, dass diese Formulierung 'dass etwas wegfällt' ebenfalls höchst fragwürdig ist: Wie könnte etwas wegfallen, das in Wirklichkeit gar nicht existiert. Wie Sie ja bereits wissen, war/ist die scheinbar stattfindende Trennung eines Individuums vom Ganzen eben nur scheinbar, beziehungsweise nur aus Sicht dessen, das scheinbar getrennt existiert, existent (gewesen (?)). :-).

Mit Vollkommenheit meine ich: „Das, was ist, aber nicht etwas ist“. Die zeitlose Unmittelbarkeit des Nicht-Erfahrens der Welt und Ihrer Selbst. Da ist Sitzen, Liegen, Atmen, Lesen, vielleicht Emotionen, was auch immer... ... all das ist/passiert/erscheint, ohne Ihr Zutun und ist auch/passiert auch/erscheint auch, ohne Ihre Existenz. Ist das nicht spannend?

Vollkommenheit ist keine Sache. Sie ist viel mehr als das. Ja, sie ist bereits. Sie ist. Alles, was es gibt. Einschließlich Ihres scheinbar getrennten Ichs, Ihrer kleinen und großen Sorgen, Ihrer Gedanken, Ängste und Freuden. All das kann sein, und ist das. Auf keinen Fall getrennt. Wovon getrennt? - Von nichts, ganz einfach von nichts. Vom Nichts, das alles ist.

Auf dem Weg

Eine der Angewohnheiten des (spirituell) suchenden Ich ist es, alles, was scheinbar passiert, auf seine Wertigkeit in Bezug auf das Fortschreiten auf dem eigenen (spirituellen) Weg zu prüfen und dann, als was auch immer, einzuordnen. Jede noch so winzig-kleine scheinbare Erfahrung wird auf die Goldwaage des scheinbaren Ich gelegt und dann be- und/oder verurteilt. Ja, das scheinbare Ich lebt ständig im Einordnen, Benennen, Wissen-wollen und auf seine Wertigkeit überprüfen. Ja, Sie haben schon verstanden: Mit einem Leben in Liebe, auf dessen Weg sich viele (auch spirituelle Sucher) mit einer fast schon niedlichen, aber auch erschreckenden Naivität wähnen, hat das nicht viel zu tun! Mit kaltem Blick wird alles, aber auch wirklich alles – einschließlich seiner selbst - auf seine Wertigkeit überprüft. Jeden Moment wird abgerechnet – und wichtig ist, was dabei rauskommt!
Dass das, was einfach nur erscheint, ohne jeglichen Grund und Sinn erscheint, dass es nirgendwo herkommt oder nirgendwo hingeht, dass da gar niemand, nichts Anderes oder Getrenntes ist, übersieht das nur scheinbar getrennte Ich völlig. Ständig lebt es in der Schwere des Beurteilens.

Auch Liebe

Und doch ist auch genau diese scheinbare Schwere, das scheinbare 'Jemand-Sein', das, was erscheint, Liebe. Bedingungslose Liebe. Diese Liebe – es handelt sich immer noch um das, was nichts und alles ist – können Sie sich leider (?) nicht vorstellen, geschweige denn erfahren oder sonst einen Zugang dazu finden, denn, obwohl Sie diese Liebe sind, ist sie jenseits von Ihnen. Alles, was erscheint, ist Liebe. Liebe insofern, dass alles, was erscheint, von einer Absolutheit ist, die von niemandem angezweifelt werden kann. Außer natürlich, so er denn erscheint, vom ewigen Zweifler und Besserwisser. 'Sein' ist so vollkommen, dass man es wunderbar als Liebe bezeichnen kann, die allerdings, wie weiter oben bereits beschrieben, als Alles erscheint und sich in allerlei Formen gewandet: Von der hässlichsten Fratze bis zur unschuldigsten Reinheit ist alles möglich. Welch ein Wunder!

Anfangen zu leben!

Das scheinbare ‚Ich' lebt in einer Art übergeordneten Hoffnung, dem Glauben an ein Ziel, das irgendwann erreicht werden sollte, bzw. wird. So glaubt das scheinbare Ich an einen (Zeit-) Punkt X in der Zukunft, an dem, aus welchen Gründen auch immer, entweder „alles gut sein wird“, oder es lebt in der permanenten Vorstellung, dass sich die Zukunft zum Besseren wendet, oder dass die Zukunft besser wird als das Jetzt. Dieses „alles gut“ bezieht sich vor allem auf einen Zustand von, naja, eben von glücklich sein. Oftmals handelt es sich eher um ein diffuses Bild oder eine Vorstellung, wie es sich anfühlen sollte, wenn „alles gut ist“. Zufrieden war dieser Andreas meist, wenn er relativ sicher war, dass dieser Punkt X in Zeit kommen würde. Fühlte er sich miserabel, und die Aussicht auf diesen Punkt X in Zeit löste sich im Zweifel auf, litt er, zumindest scheinbar.

Das Bild, das Sie zu Ihrem ausgedachten Zeitpunkt X in der Zukunft haben, kann natürlich differieren. Welche Voraussetzungen gelten müssen, damit Sie das Gefühl haben, sich endlich zurücklehnen und genießen zu können, können höchst unterschiedlich sein. Liegt er irgendwann in ferner, unbestimmter Zukunft; wird er stattfinden, wenn das Haus fertig ist, sie Feierabend haben, die Familie befriedet oder Sie endlich, endlich erleuchtet werden (ach so, das mit der Erleuchtung wird natürlich nix. Das hatten wir ja schon …).

Darf ich Ihnen etwas verraten? Dieser Zeitpunkt X, an dem alles, aber auch restlos alles gut sein wird, wird nicht passieren. Es gibt ihn einfach nicht. Solange 'Sie' scheinbar da sind, werden 'Sie' sich als 'Sie' wahrnehmen und suchen.

Erleuchtung

Falls Sie nach Erleuchtung streben, sind diese Zeilen für Sie: Erleuchtung, bzw. das, von dem Sie annehmen, dass es existiert, Ihnen in der Zukunft hoffentlich widerfährt und Sie dann glücklich machen wird, existiert nicht. So wird Erleuchtung oftmals zur Bezeichnung für diesen „dann ist alles gut" – Zustand. Alle positiven Ideen und Hoffnungen, die Sie von sich, über die Welt und das Leben haben, können so auf diesen fiktiven Zustand in der Zukunft projiziert werden. So könnte Erleuchtung ein Synonym sein, für diesen ausgedachten Zeitpunkt X in der sowieso nur scheinbaren Zukunft, an dem Sie oder Ihr scheinbares Leben so sein werden, dass Sie endlich glücklich sind. Wenn Sie es z.B. geschafft haben, endlich der liebevolle, achtsame Mensch zu werden, der Sie seit Ihrer spirituellen Suche sein wollen. Erleuchtung ist eine Idee innerhalb Ihrer persönlichen Geschichte. Die Vorstellung eines solchen Ereignisses verschwindet, sobald auch Sie verschwinden. Sollten Sie allerdings den scheinbaren Moment Ihres Verschwindens als 'Erleuchtung' bezeichnen, möchte ich Sie daran erinnern, dass Sie Ihre Abwesenheit nicht erfahren werden. Es gibt Sie dann nämlich nicht mehr.

Der Sinn des Ganzen

Gibt es etwas Sinnloseres als das, was man gemeinhin als „Schöpfung“ bezeichnet ... ? Ich meine das in keinster Weise nega- oder gar destruktiv, nein, ich meine das im wahrsten Sinne des Wortes: sinnlos, also ohne Sinn. Ohne besondere Tiefe, ohne essentiellen (Ur-)Grund, ohne Inhalt, ohne Ziel und ohne Geschichte. Und vor allem: ohne Bedeutung. 'Sinn' ist leider ein Produkt des Geistes. Ich bin mir sicher, dass Sie allen möglichen oder scheinbaren Dingen und Vorgängen in Ihrem Leben so etwas wie einen Sinn verleihen, aber seien Sie unbesorgt. Sie tun das nur, weil 'Sie' eben da sind, bzw. sich für existent halten, aber nicht, weil den Dingen oder Vorgängen tatsächlich eine wahrer Grund zugrunde liegt. Allerdings muss gesagt werden, dass Sie – also dieses scheinbare 'Ich' – alle Freiheit besitzen, einen Sinn zu konstruieren, diesen in allem zu sehen und ihn in Ihrem Leben wunderbarerweise immer mehr für sich bestätigt zu bekommen. Fängt diese 'Ich-Energie' an zu korrodieren, sind solche Vorstellungen nicht mehr haltbar und Sie werden sehen, wie die gesamte Existenz, ja sogar noch mehr, die gesamte Existenz und Nicht-Existenz - also wirklich Alles - in völliger Sinnlosigkeit versinkt. Aber Sie werden auch bemerken, dass Sie das, da es ja gleichzeitig mit Ihrem Verschwinden einhergeht, gar nicht mehr juckt. :-)!

Es gibt nur DAS!

DAS – DAS – DAS und immer nur DAS!!!

Nur Das!

Da ist nur, was scheinbar ist.

So einfach, so simpel, so natürlich, so sehr das, was ist.

Für 'Ich' unerreichbar, unnahbar, nur das!

Jedes Attribut, jedes kleine Fitzelchen scheinbaren Wissens - und es ist verfehlt.

Das, was scheinbar ist, ist nur das, was scheinbar ist. So einfach, so simpel. Nichts dahinter, kein Geheimnis, nichts Mysteriöses. Nichts, was es zu ergründen gäbe. Reines Sein in allen Farben. Sowohl das hellste Hell als auch das tiefste Dunkel; vor allem aber Grautöne, endlos viele Grautöne, die leuchtend bunt Leben mit Lebendigkeit erfüllen. **Das Gewöhnliche ist das Absolute!**

Alle Schattierungen. Was als gewöhnlich bekannt ist, ist DAS, ist DAS, DAS! Ewige Suche nach Vollkommenheit, 'Ich' – der Trenner – blind für Einigkeit, für das, was zeitlos ist, ist Sucher, ist das, was nur scheinbar lebt, was nur scheinbar ist und leidet, lebt und stirbt.

Da ist nur, was scheinbar ist.

Immer alles gut

Was soll das Ganze? Dieser unglaubliche Drang des scheinbaren Ich ein perfektes, das perfekte Leben zu leben. Alle scheinbar unangenehmen Erfahrungen auszumerzen, bis nur noch scheinbare Liebe und Freude übrigbleibt. Das ist das Fatale: 'Ich' übersieht die totale Absolutheit dessen, was ist. So absolut, dass Details, wie gut oder schlecht, angenehm oder unangenehm, keinen Platz darin finden. Es geht hier nicht um ein fluffiges Vor-sich-hin-fließen. Da ist nur Einheit. Alles, ja, alles was erscheint, ist DAS. Es geht nicht darum, in allem nur Frieden und Liebe zu sehen. Es geht um nichts! Da ist nur Liebe. So-sein. In all seiner Härte, seiner rohen Feinheit, seiner Bloßheit. Nichts Heiliges, nichts „Gutes“, nichts „Schlechtes“, nicht „bewusst“ und „unbewusst“. Nur DAS!

Das ist Befreiung.

Akzeptanz = Arroganz

Akzeptanz – die Arroganz des scheinbaren Ich. Ja, es würde so gerne akzeptieren. Es würde so gerne alles für gut befinden, endlich akzeptieren. Wissen Sie, was es dabei tut? Es spielt Gott! Als ob Einheit – das, was erscheint – akzeptiert werden müsste, damit sie so erscheint, wie sie bereits erscheint. Was erscheint, ist so absolut, so absolut alles, so voll und lebendig; da bedarf es keiner Akzeptanz!

Ja, das scheinbare Ich darf auch akzeptieren lernen – annehmen, was ist – und doch bleibt es eine Geschichte, eine weitere Methode, mit der das scheinbare Ich durch das scheinbar von ihm getrennte Leben kommen will.

Da könnte es sich ja schon eher hingeben ... :-) ... natürlich nicht.

Weisheit?

Ich bin nicht weise! Das hier hat nichts mit Weisheit zu tun. Weisheit erlangt man durch Lebenserfahrung, aber ich weiß nichts von Weisheit!

Ich habe getan, was alle tun: Übungen gemacht, mich mit mir beschäftigt, Heiler besucht, Blockaden gelöst, mit Meistern gesessen, meditiert, das Ich gesucht. Und das so gut ich eben konnte. Warum „es“ gerade bei mir geschah? - Keine Ahnung. Viele Andere suchen (mindestens) genau so intensiv. Ich sehe keinen Unterschied zwischen 'meiner' Suche und der Suche von scheinbar Anderen.

Was da geschehen ist, hat nichts mit mir zu tun; geht weit über mich hinaus, löschte mich aus und ließ mich sein, wer und wie ich immer war. Was geschah, hat nichts mit alledem zu tun. Das wäre einfach gelogen.

Das höchste Wissen

Das bisschen Wissen können Sie getrost vergessen. Es existiert nicht.

Reife

Für 'alte Hasen':

Falls sich in all den Jahren, die Sie spirituelle Bücher studiert haben und den Lehren diverser Gurus und Lehrern gefolgt sind, in Ihrem Denken eine Art intellektuelles Verstehen dieser überaus radikalen Botschaft ausgebreitet hat, haben Sie außer ein wenig Verständnis leider nichts erreicht. Das scheinbar getrennt existierende Ich hat das Konzept des 'Alles ist eins' oder 'da ist niemand' zu einer seiner Wahrheiten gemacht und in sein Weltbild integriert, aber das Zusammenbrechen der eigenen Identität ist nicht erfolgt.

„Ich“ ist niemals reif dafür. Das ganze Konzept von 'Reife' ist ein Witz! Niemals werden Sie reif dafür sein. Denn da ist kein 'Sie'!

Ich war es übrigens auch nie.

Neulich im Auto ...

Neulich, nein, eigentlich außerhalb von Zeit, war ich mit einer Freundin im Auto unterwegs und wir unterhielten uns über Zukunft, um genau zu sein, über ihre. Sie dachte darüber nach, wie sie das nächste halbe Jahr gestalten will oder soll und ob ich ihren bisherigen Plan sinnvoll und gut finde. Ich muss dazu sagen, dass wir zu diesem Zeitpunkt schon lange und gut befreundet waren. Im Großen und Ganzen kannte ich ihre Situation, zumindest das, was man mitbekommt, wenn man viel Zeit miteinander verbringt. Auf der anderen Seite war sie auch mit dem Thema 'Einheit' und der Terminologie, die ich in den Meetings verwende, vertraut. Außerdem auch mit allerlei Ideen aus dem spirituellen, lebenserklärenden und beratenden Mainstream-Gedankengut. Ich muss gestehen, dass ich bezüglich ihrer Situation keine Meinung hatte und auch nicht im Geringsten wusste, was gut oder das Richtige für sie sein könnte. Nicht, dass ich nicht darüber nachdenken wollte, nein, ich hatte einfach keine Ahnung. Wir spielten verschiedene Szenarien durch, jedoch ohne, dass sich eine bestimmte Richtung gut anfühlte. Nach einer Weile fragte ich sie, was sie denn machen würde, wenn sie keine Zukunft hätte. Ich wusste weder, warum ich die Frage gestellt habe, noch hatte ich eine Antwort auf diese Frage parat; es war einfach, was geschah. Allerdings war ich neugierig, was sie wohl damit anfangen und wohin uns dieses Gespräch führen würde. Zuerst überlegte sie: „Also, wenn ich nur ein Jahr hätte ... „ - „Nein, nein, das meine ich nicht.“, sagte ich. „Also, wenn da gar keine Zukunft wäre ...“, fragte sie, um dann, im selben Atemzug völlig empört und entgeistert, als wäre ihr das Unmöglichste, Ausgefallenste, ja Absurdeste überhaupt eingefallen, zu sagen: „ ... würde ich ja einfach nur da sitzen!“ Völlig erstaunt, aber voller Freude darüber, dass 'einfach nur da sitzen' – also (fast) ohne Geschichte sein, das absolute No-Go zu sein schien, öffnete ich die Augen, legte einen ironischen Blick auf und lachte. „Das wäre ja wirklich unmöglich“, machte ich sie nach, „einfach nur so dazusitzen. Das geht nun wirklich nicht!“ Jetzt musste auch sie lachen. Ein paar Momente später saßen wir still im Auto und fuhren durch die Nacht. Das Thema Zukunft war (erstmal) erledigt.

Es ist nicht so, dass ich mir nie Gedanken über die Zukunft mache. Natürlich ist da keine Zukunft und auch niemand, der irgendwas tut oder lässt, aber scheinbare Gedanken über eine scheinbare Zukunft gehören einfach dazu. Sie sind Einheit, die als 'Gedanken über die Zukunft' erscheint.

Anders

Ein Tagebucheintrag meinerseits könnte folgendermaßen aussehen: Gestern scheiße gefühlt; dann Streit, danach Versöhnung – alles gut!

Die Frage ist wirklich, warum eine scheinbare Person nach ihrer scheinbaren Befreiung ein besserer Mensch sein sollte. Natürlich wünscht man sich das, doch das Ende des Ich hat nichts mit einer Erheiligung des scheinbaren Menschen zu tun, dem das scheinbar widerfährt. Mitnichten. Es gibt überhaupt keinen Grund dafür, dass die Erscheinung von da ab plötzlich anders erscheint, als sie es je tat, abgesehen davon, dass sie auf eine Art natürlich ständig neu und im Prinzip immer „plötzlich" erscheint. Falls Sie also allen Ernstes versuchen, ein besserer Mensch zu werden, muss ich Sie enttäuschen. Nachdem Sie nicht mehr da sind, könnten sich Ihre scheinbar schlechten Seiten viel unkontrollierter ihren Weg schlagen. Endlich werden Sie sein, wie sie immer waren, nur – scheinbar – absoluter. Waren Sie schon immer ein Arschloch, könnten Sie es durchaus bleiben, oder soll ich besser sagen, dann erst recht! Der einzige Unterschied mag sein, dass Sie dann nicht mehr im

Wege stehen, um sich zu kontrollieren. Das ist Befreiung!

Wissen Sie, der größte Vorteil, ohne die Wahrnehmung eines eigenen Ich zu leben, ist die völlige Gleichgültigkeit dessen, was erscheint, einschließlich seiner selbst. Ich bin eben so gelaunt, wie ich gelaunt bin, kann mich unfair verhalten, mich danach schuldig und klein fühlen, und so weiter und so weiter. All diese Dinge haben keine Bedeutung, Niemand da, den es juckt. Und alles, was juckt, juckt solange, wie es juckt. Wo ist das Problem dabei? Wen stört es denn? Sie? Ja, da könnte auch 'identifiziert sein' geschehen, aber da ist halt niemand, der identifiziert oder nicht identifiziert sein könnte.

Gottseidank bin ich nicht erleuchtet. Was für eine Qual muss es sein, (immer) erleuchtet zu sein. Schrecklich wäre das, schrecklich. Zum Glück ich nicht. Einfach niemand da.

Das Dilemma liegt darin, dass Sie glauben und es auch so wahrnehmen, das Verhalten, die Eigenschaften, ja, die Persönlichkeit zu sein. Weit gefehlt: all diese scheinbaren Dinge sind eben keine Dinge, sondern einfach nur, was erscheint. Da ist niemand, der sich so oder so verhält, der so oder so ist und immer dies oder das tut. Es ist das scheinbare Ich, das glaubt, all diese Dinge zu sein oder zu tun. Es ist nichts von alledem. Ja, es ist nichts.

Nichts dahinter

Viele Menschen wähnen sich in einer Art Austausch oder einer Beziehung zwischen zwei real existierenden Personen. Und ja, es scheint tatsächlich so: Die Oberfläche spricht, tut, handelt, als wäre da jemand. Es sieht wirklich so aus, als wäre da 'Ich'. Doch wo beim Einen scheinbar wirklich jemand ist, ist hier – bei mir – nichts. Einfach nichts dahinter. Da ist nur, was erscheint, reine Oberfläche, reines Sein, nur Reflexion.

So, wie auch immer ich bin, was auch immer ich sage oder tue, da ist nichts dahinter. Es ist einfach nur, was ich tue oder sage, was ich denke oder was ich lasse. Es ist einfach und von niemandem gemacht.

Das ist bei jedem so!

Beängstigend und ungewollt

Machen Sie sich nichts vor, solange Sie glauben, dass Sie 'Befreiung' wollen, haben Sie nicht begriffen, worum es geht! Hierbei geht es um Ihr Ende. Ja, wirklich, Ihr Ende. Sind Sie bereit, alles zu verlieren, einschließlich Ihrer Selbst?
Wenn nicht, machen Sie sich keine Sorgen, denn das müssen Sie auch gar nicht! Niemand will das! Und niemand kann das. Kein 'Ich' würde diesen Schritt wagen. 'Alles nur nicht DAS'. Und vor allem: Erleuchtung will man doch miterleben. Wie doof wäre es denn, wenn das Ultimative eintritt, und man wäre nicht da, um es zu erleben ... ... schrecklich wäre das.

Doch genau so ist es. Damit alles endlich alles sein kann, dürfen Sie nicht mehr sein.
Aber da Sie schon jetzt nicht sind, spielt auch das keine Rolle. Und: Machen Sie sich keine Sorgen über Ihre Ängste und sonstigen Vorstellungen. Als ob sich Einheit um Ihre Sperenzchen kümmern würde. Sie verschwinden auch so.

Sie dürfen auf Ihre ganz eigene Weise niemand werden – und sein!

Gottes Narr

Es lebte einmal ein Mann, den alle als Gottes Narr bezeichneten. Einige hielten ihn für weise, und manche schätzten seine Unterweisungen über die illusionäre Natur des Ich und der Welt. Der Narr selbst wusste nichts von Weisheit und auch nichts von großartigen Unterweisungen. Eines Tages jedoch suchte ihn ein weiser Mann auf. Er erzählte dem Narren, dass ihm etwas Wichtiges fehle, um wirkungsvoll unterweisen zu können. Der Narr wusste nicht, was der Weise meinte und versuchte hilflos, um Worte ringend, zu erklären, dass er kein Weiser war und niemanden unterwies. Doch der Weise bohrte hartnäckig weiter und versuchte den Narren zu überzeugen. Daraufhin wurde der Narr sehr traurig und schickte den vermeintlich Weisen weiter.

Der Narr fiel in tiefe Traurigkeit. Was wollte der Weise von ihm, wo er, der Narr doch, wohin er auch blickte, nur Vollkommenheit sah. Es dauerte noch viele Tage, bis der Narr begriff, dass der Weise nur ein Weiser war.

Fülle – ein Statement

Immer mehr „spirituelle" Schulen predigen die Religion der Fülle. Erschaffe die Fülle im Außen! Erst innen, dann außen. Es ist alles da, Überfluss und der ganze Quatsch. Man muss es sich nur eingestehen. Sein Verhältnis zu Geld und Wohlstand überprüfen. Glaubenssätze ablegen, Blockaden auflösen – ach ja, das schon wieder – undsoweiter, undsoweiter. Erzählen Sie das mal einem (ver)hungernden Afrikaner, Asiaten, oder Südamerikaner, ... aber, stimmt ja, die haben andere Themen; müssen bestimmt gerade was Anderes lernen auf ihrem Weg; verhungern vielleicht. Schon doof, die ganze Karma-Geschichte ... ... Glück gehabt, im fetten Deutschland.

Die Fülle, um die es geht, ist bereits. Das, was erscheint, ist so voll, ist so sehr absolut, dass nichts fehlt. Als ob es um genügend Geld oder dergleichen ginge.

Die Botschaft von absoluter Einheit ist nicht zwangsläufig die frohe Botschaft, die Millionen spiritueller Sucher erwarten. Hungernde Menschen in Afrika ist Gott! Aber das ist Gott, wie ihn niemand sehen will. Auch das kann man keinem erzählen, aber diese Worte sind nicht zum Trost. Sie haben keine Absicht, obwohl sie die Kraft haben, Illusion zu zerstören! Die Illusion des scheinbaren Getrenntseins.

Ohne Nahrung würde ich wahrscheinlich verhungern, vielleicht sogar qualvoll mit leidender Miene. Wer wäre schon da, um das zu kontrollieren. Niemand. Qualvoll sterben ist absolute Einheit, die als das erscheint. Scheinbar qualvoll sterben.

Liebe – oder: Ich sehe Sie nicht!

Eine Bemerkung. Vielleicht bekommen Sie den Eindruck, dass Ihnen in diesem Buch mit einer gewissen Geringschätzigkeit begegnet wird. Aber auch hier sei Ihnen gesagt, dass das mit großer Sicherheit der Wahrnehmung entspringt, jemand zu sein. Denn: Ich sehe Sie nicht. Da ist niemand, zu dem ich spreche oder schreibe. Da ist nur Einheit! Nur das, was erscheint. Oh ja, ich könnte fast sagen, hier ist Liebe für Sie, aber das träfe nicht den Punkt. Sie sind viel mehr als ein Objekt, das irgendeiner Liebe bedarf. Sie sind Liebe selbst.

Sein ohne die Wahrnehmung, jemand zu sein, ist köstlich, wundervoll, und doch nur, was erscheint. Freude. Vergleichbar mit der Freude eines kleinen Jungen, der etwas enthüllt, was ihm vorher verborgen war. Niemand hat diese Freude, niemand besitzt sie. Sie ist nichts, auf das man sich verlassen könnte. Sie ist einfach, scheinbar.

Um was es geht

Ich bin noch nicht dahinter gekommen, um was es geht. Ichlosigkeit? Erleuchtung? Advaita? Mir sagt das alles nichts. Diese ganzen scheinbaren Definitionen sind zusammen mit der Wahrnehmung, jemand zu sein, verschwunden. Und tatsächlich ist dieses Sich-damit-Beschäftigen völlig bedeutungslos und für keinen Anderen von Belang als für das scheinbar existierende Ich. Was mir scheinbar widerfahren ist, ist jenseits aller Worte, die ich – das, was als scheinbar Ich erscheint – jemals gebraucht habe. Jede scheinbare Definition dessen – Erleuchtung, Befreiung, usw. - sagt mir rein gar nichts, ist so leer und löst in mir höchstens Schulterzucken aus. Ich habe keine Ahnung, wovon ich spreche.

Ohne Ich ist Leben in Nicht-Wissen, ohne Zentrum, ohne den, der/die sich selbst (er)kennt. Da ist nur, was scheinbar passiert. Das kann nicht gekannt, kann nicht benannt werden, ist einfach. Niemand, der einen Platz hat, der sich hier oder dort befindet. Niemand, der weiß, wo er steht. Nur Das!! Kein Leben, das so oder so ist; kein ‚über' oder ‚unter', kein ‚vor' oder ‚hinter', nur das, nur so, wie es ist und nicht ist – für niemand. Kein 'Ich', nur Das!

Wahrheit

Nichts von dem, was hier geschrieben steht, ist die Wahrheit. Es gibt keine Wahrheit. Also vergessen Sie's.

Es wäre schön, wenn Sie es könnten ...

„Da alles Bewusstsein ist, ist alles stets nicht-existent. Da alles in seiner Natur ungeteilt ist, ist alles stets nicht-existent."

- Ribhu,

aus der Ribhu Gita (34.24) [(6)]

„„Es existiert nicht" - existiert nicht, existiert tatsächlich nicht. Selbst die Worte „existiert nicht" existieren nicht. Da alles Bewusstsein allein ist, ist alles stets nicht-existent."

- Ribhu,

– *aus der Ribhu Gita (34.27)* [(7)]

Teil 2

Das kleine Buch vom Nichts, das Alles ist!

Das

Da ist nur, was ist. Da ist Sitzen oder Liegen, ein Büchlein in der Hand halten, Lesen, Gedanken passieren, Körperempfindungen, Gefühle, ein Raum oder der freie Himmel. Das ist, was erscheint. Das ist Alles. Das ist, wonach gesucht wird.

Was erscheint, erscheint ohne Grund und ohne Sinn. Was erscheint, kommt nirgendwo her und geht nirgendwo hin. Es hat keine Vergangenheit, keine Gegenwart und keine Zukunft. Es ist einfach. Ohne Bedeutung und ohne Ziel. Das, was erscheint, ist außerhalb von Zeit und Raum. Es ist einfach. Wunderbar einfach und doch völlig absolut. Wird nicht in Frage gestellt. Es ist einfach.

Alles und Nichts

Das, was erscheint, ist Nichts. Nichts Bestimmtes. Nicht dies oder das. Man könnte es nicht 'Etwas', sondern 'Nicht-Etwas' nennen. Es ist nur das, was erscheint.

Das, was erscheint, ist Alles. Da ist nichts Anderes. Kein Zweites, kein Nächstes! Weder 'Ich' noch 'Du', noch Gott, noch sonst etwas.

Diese Sichtweise bleibt dem scheinbaren Ich verwehrt.

Ich

Da ist kein 'Ich'.

Allerdings erscheint das, was erscheint, auch als etwas, das glaubt – und auch in der absoluten Wahrnehmung davon lebt – etwas Eigenständiges und Autonomes zu sein. Dieses scheinbare Etwas kann sich selbst 'Ich' nennen. Da es aber kein 'Ich', also nichts wirklich Eigenständiges gibt, das außerhalb von dem ist, was erscheint, handelt es sich eher um ein scheinbares Ich.

Dieses scheinbare Ich ist wie ein künstlicher Bezugspunkt von dem aus die Welt betrachtet wird. Es ist dieses scheinbare Ich, das überhaupt erst die Wahrnehmung von (einem) Raum möglich macht. So entsteht die Wahrnehmung von „hier“ und „dort“.

Die Welt des scheinbaren 'Ich'

Die Welt des scheinbaren Ich basiert auf dem Erleben von Realität und Trennung. Sie ist geprägt durch die Wahrnehmung 'etwas' zu sein, das wirklich in einer scheinbar ablaufenden Zeit in einem scheinbar aufgespannten Raum existiert.

Das scheinbare Ich erzeugt durch seine Wahrnehmung, ein eigenständiges Objekt zu sein, die Welt. Das scheinbare Ich erlebt sich als etwas, das real existiert. Da es sich selbst als ein real existierendes Objekt erlebt, erlebt es die Welt auch als reale, voneinander getrennte Dinge. Man könnte sagen, das scheinbar getrennte Ich erschafft durch seine Wahrnehmung, etwas zu sein, eine Welt, die auch nur aus verschiedenen ‚Etwassen' besteht.

Natürlich ist die Welt des scheinbaren Ich um vieles umfangreicher. Es ist nicht nur so, dass das scheinbare Ich, das, was scheinbar ist, als voneinander getrennte Objekte erlebt, nein, es glaubt außerdem, diese Dinge zu kennen. Alles bekommt einen Namen und kurzerhand erfindet es eine Geschichte aus Vergangenheit, Gegenwart und Zukunft, von der das scheinbare Ich glaubt, dass sie auch nur real ist. Das scheinbare Ich glaubt, seine Vergangenheit zu kennen, glaubt das Jetzt zu kennen („das ist meine Situation") und ist absolut davon überzeugt, dass es eine Zukunft hat. Es lebt in Zeit.

Keine Lösung

Für das scheinbare Ich gibt es keine Lösung. Was hier beschrieben wird, ist das scheinbare Ende von dem, was eine Lösung sucht oder braucht.

Das Ende vom scheinbaren 'Ich'

Das Ende vom Ich ist eine Geschichte. Da ist niemand, der verschwinden oder sterben kann. Nur scheinbar. Und scheinbar ist nicht real.

Nicht-Welt

ist Einheit. Nicht-Etwas. Das.

Wege

gibt es nicht. Die Wahrnehmung von 'auf einem Weg sein' entspringt dem scheinbaren Ich-sein. Niemand ist auf dem Weg. Zukunft, Vergangenheit und Gegenwart sind nicht real. Was ist, ist zeitlos. Und ist einfach nur.

Erleuchtung

gibt es nicht.

Sie ist Teil der Geschichte von nicht erleuchtet und erleuchtet, von Trennung und Befreiung.

Sein oder Nicht-Sein

Das scheinbare Ich sehnt sich nach dem Absoluten und pendelt permanent zwischen dem Wunsch zu sein und nicht zu sein. Es ist mit dem, wie es ist, nie zufrieden. In Momenten der Freude will es diese konservieren oder mehr davon haben. In Momenten des Leidens möchte es, dass es aufhört und wissen, wie es diese in Zukunft vermeiden kann. In Freude will es (total) sein, im Leid, abwesend. Daran ist nichts falsch; so ist es einfach!

Tod

Es gibt keinen Tod.

Nur das, was scheinbar lebt, kann sterben. Das, was in der Überzeugung lebt, als etwas Eigenständiges zu leben, kann scheinbar sterben. Dieses scheinbare 'Ich' lebt in ständiger Angst, nicht (mehr) zu sein. Sterben kann nicht gemacht werden; da ist niemand. Und dabei ist es so einfach.

Nie passiert

'Ich' ist nie passiert. Niemals, nie gab es ein 'Ich' und niemals wird es eines geben. Nicht die Wahrheit, nur Worte. Wer Ohren hat, der höre.

Und jetzt?

Nichts. Da ist nur, was scheinbar passiert. Wahrscheinlich wird sich dieser scheinbare Körper genauso verhalten, wie er es immer getan hat. Es gibt viele Beschreibungen, was sich 'ohne Ich' scheinbar verändert, aber auch hier gilt: Alles kann, nichts muss. Wie in jedem anderen scheinbaren Leben auch. Jede scheinbare Veränderung, sollte sie denn stattfinden, ist völlig bedeutungslos und passiert für niemand. Auch hier: Da ist niemand, der von dieser scheinbaren Veränderung profitiert. Sie ist auch nicht das erreichte Ziel des scheinbaren Ich.

„Ich bin frei von Interpretationen. Das Gefühl von Einheit existiert ebenfalls nicht. Alles ist Brahman (das Göttliche). Daran besteht kein Zweifel. Dass ich Brahman bin. Daran besteht kein Zweifel.“

– Ribhu,

aus der Ribhu Gita, 27.8 [(8)]

„Es gibt nicht so etwas, wie „die Existenz von Brahman.“ Es gibt nicht so etwas wie „Brahman existiert nicht.“ Es gibt tatsächlich nicht „ist“ oder „ist nicht“. Ich bin tatsächlich nur Bewusstsein.“

-Ribhu,

aus der Ribhu Gita, 22.7 [(9)]

Teil 3

1.Briefe

Lieber Andreas

Ich habe deine Webseite beim Googeln gesehen und mit viel Freude gelesen. Seit einigen Jahren ist das Erwachen, oder vielleicht besser gesagt DAS, das Einzige was mich noch wirklich interessiert im Leben. Klar gibt es immer wieder Ereignisse die mir Freude bereiten und die ich mit Begeisterung tue, respektive erlebe. Aber so richtig, aus tiefer innigster Sehnsucht und mit beständiger Hingabe, ist diese eine Sache mit der Einheit, mit DEM, das einzig wirklich wichtige im Leben.

Nun habe ich natürlich beinahe alle Bücher die über DAS berichten gelesen. Ich habe auch schon, ich glaube es waren zwei Mal, eine "Erfahrung" diesbezüglich gemacht. Das erste Mal, vor etwa einem Jahr, war beim Lesen, da war plötzlich - schwups - alles wie ein Film und total klar. Es hat "mich" wie ein Sog ins Nichts gezogen. Das mentale Ich-Gefühl war irgendwie schon noch da, aber das körperliche Ich-Gefühl war wie aufgelöst. Es war alles total frei und endlos weit.

Die Welt, die Umgebung, der Körper, alles war wie in mir. Es war einfach klar - DAS IST ALLES, WAS ES GIBT,

DAS IST DAS, WAS ICH BIN. Das zweite Mal war im Bett, da war es nicht so intensiv und nur extrem kurz. Da sah ich die Gedanken, den Verstand absolut klar - wie vor "mir".

Das Thema "DAS" lässt mich nicht mehr los. Ich weiß ja, ich kann nichts tun und da ist kein Jemand der etwas tun kann, es ist für das Ego total hoffnungslos - völlig klar. Trotzdem treibt mich diese Sache immer wieder an den Rand des Wahnsinns.

Das ICH-Gefühl, das Ego ist so präsent und mächtig. Und dieses klare Erkennen, das ich einst beim Lesen "Erfahren" habe,

möchte ich wieder. Mir ist völlig klar, dass das Ich nichts bekommt, trotzdem ist da die Erinnerung an dieses Ereignis und das Wollen vom totalen Aufgehen in DEM. Es ist schon fast ein Fluch, es frustriert mich nun schon eine Ewigkeit.

Manchmal wünsche ich mir, ich hätte nie davon gehört und könnt' einfach wie andere Menschen den alltäglichen Freuden nachgehen. Kann das eventuell noch extremer werden? Ich kann ja nicht mal aufhören mit dem Suchen, mit dem Wiedererkennen-Wollen - Bullshit.

Wie war das für dich, als du noch Persönlichkeit hattest? Hattest du auch solche Kämpfe und Frustrationen? War da ein scheinbarer Prozess? Es würde mich freuen von dir zu hören!

Liebe Grüße

Xxxx

Lieber Xxxx,

es ist schön, dass Du schreibst.

Ja, es gab diesen Prozess, aber nur solange, bis da niemand war. Dann wurde gesehen - von Niemand - dass nie ein Prozess stattgefunden hat. Es gibt diesen Prozess nicht. Da ist niemand und da war nie jemand. Insofern durchlebte auch nie jemand einen Prozess voller Erfahrungen, der dann zu etwas geführt hat. Die ganze Idee von Auf-dem-Weg-sein, kann nur von einer scheinbar getrennten Person kommen, denn mit ihr erscheinen Dinge wie Zeit und Raum, Ursache und Wirkung, gut und schlecht, Ziele, etc...
Das scheinbar getrennte Ich glaubt zu sein und ist deshalb ständig auf der Suche. Man könnte sogar sagen, es ist das Suchen selbst. Es existiert nur in Suchen. Es sucht alles, wovon es sich etwas - eine persönliche Erfahrung - verspricht. Meistens ist es Geld, Macht, Sicherheit, Familie, Spaß, Glück, spirituelle Erfahrungen (noch ein Erwachen) oder eben Erleuchtung. Und wenn dann irgendwo steht, dass man dazu verschwinden muss, dann wünscht es sich das. All das, all das 'Auf-dem-Weg-sein', verleugnet, was bereits ist.

Vollkommenheit ist bereits der Fall, aber kann vom scheinbar getrennten Ich nicht gesehen werden. Das 'Ich' selbst ist die scheinbare Trennung. Da ist niemand, der getrennt ist, da ist nur DAS!! Und Das erscheint eben auch als scheinbare Trennung.

Ja, für das, was sich getrennt fühlt, ist es vollkommen hoffnungslos. Was (scheinbar) getrennt ist, wird nie (scheinbar) eins sein. Was sich getrennt fühlt, kann sich nur getrennt fühlen. Und Du hast recht, das suchende 'Ich' kann darüber verrückt werden. Es kommt da NIE hin. Es ist völlig unmöglich. Man könnte sogar sagen, dass, je mehr es sucht, das Gefühl von Getrennt-Sein stärker wird. Und damit auch die Frustration darüber: "Ich mache und tue die ganze Zeit und fühle mich immer schlechter. Wie verdammt nochmal kriege ich das bloß hin?". Du kriegst es nicht hin. 'Du' hat keine eigene Essenz und kann deshalb nichts tun. Es ist weder so, dass 'Du' suchst, noch dass 'Du' damit aufhören kannst. Da ist nur, was ist (und nicht ist).

Die Suche kann scheinbar extremer werden, aber genauso gut kann sie auch scheinbar nicht extremer werden oder scheinbar schwächer oder scheinbar ganz aufhören. Natürlich kann auch die ganze Energie des Suchenden scheinbar wegfallen. Aber all dies geschieht nur scheinbar. Da ist kein 'Ich', da ist keine Suche, da ist nix zu erreichen. Da ist nur Das und Das ist alles, was erscheint und nicht erscheint. Also, was Du beschreibst, ist absolute Einheit, die als Das erscheint. Da ist niemand, dem all das passiert. Da ist nur Einheit.

Das 'Suchen nach DEM', 'Aufgehen wollen in DEM' - das ist es! Das ist absolute Einheit! Da ist niemand auf der Suche, da ist nur Suche. Da ist Verzweiflung, aber keiner der verzweifelt. In Befreiung ist alles und nichts. Befreiung ist bereits der Fall, also ist alles, was erscheint, Das.

Ich wünsche Dir alles Liebe,

Andreas

2. Interview

Das Interview ist vom März und Juli 2012.

F: Hallo Andreas, wie ist dieses Wegfallen des Ich bei Dir geschehen?

A: Ich habe keine Ahnung, wie und wann das geschehen ist. Für mich ist nichts geschehen. Ich habe mein Ende nicht erlebt, denn wer hätte es erleben können? Und selbst zu sagen, „da war 'ich' und da war 'ich' nicht mehr", trifft es nicht. Da war nie jemand.

F: Warum taucht diese Wahrnehmung 'jemand zu sein' nicht (mehr) auf?

A: Ohne Grund.

F: Ist da eine Erinnerung an früher?

A: Ja und Nein. Da ist kein 'früher', woran soll sich dann

erinnert werden? Da ist/war kein Andreas, an den sich jetzt erinnert werden könnte. Aber ja, manchmal erscheint auch 'sich erinnern' an etwas, das aber unmittelbar als 'nur scheinbar geschehen' gesehen wird.

F: Wer bist Du?

A: Keine Ahnung.

F: Hast Du etwas dafür getan?

A: Wofür?

F: Na, dass da jetzt niemand ist?

A: Da war schon immer niemand.

F: Du weißt schon, was ich meine.

A: Na gut. Scheinbar Andreas hat scheinbar viel dafür getan. Nur scheinbar. Natürlich hat nie jemand etwas dafür getan. Niemand würde das wollen. Niemand würde sich dafür

entscheiden. Wer will schon wirklich sein Ende? Selbst wer den Tod ersehnt, sucht nicht sein Ende. Für das scheinbare Ich ist das die Hölle, überhaupt nicht erstrebenswert. Es kann so entzaubernd, desillusionierend, enttäuschend sein, dass einen höchstens die pure Abenteuerlust am Leben hält. Einmal Blut geleckt am scheinbaren Weg ins Nichts... - aber es ist niemals das Ich, das 'Blut geleckt hat'. Da ist nur DAS.
Jetzt im Ernst: Es gibt diesen Weg nicht. Das scheinbare Ende vom Ich ist nicht der erfolgreiche Abschluss eines langen und beschwerlichen Weges, sondern einfach das Ende von Dem, der sich auf einem Weg wähnt. Die Betonung liegt auf 'wähnt'. Soll heißen, ein scheinbarer spiritueller Weg ist absolut nicht notwendig. Es gibt keine Bedingungen, genauso wenig wie es Ursache und Wirkung gibt.

F: Was meinst Du mit 'sehen'?

A: Wenn ich von 'sehen' rede, meine ich damit etwas, für das es kein entsprechendes Wort gibt. Jedes Wort, das ich dafür benutze, ist missverständlich! Wie natürlich alle Worte; nur hier finde ich, dass es besonders so, also missverständlich, ist. Da ist niemand, der 'sieht', dass alles nur scheinbar ist. Es ist einfach so. Das muss und kann auch gar nicht gewusst werden. Das 'Sehen' und Sprechen davon ist so unmittelbar, so direkt und völlig jenseits dessen, was das scheinbare Ich unter Sehen versteht, dass man eigentlich ein neues Wort dafür erfinden müsste. Allerdings wäre das natürlich auch nur ein weiteres Wort, das im Grunde nichts aussagt, denn selbst dieses Sehen ist auch nur, was erscheint, also real und irreal. Einheit, das, wovon wir hier sprechen, kann nicht gewusst oder gekannt werden. Kein Wort wird es je treffen.

F: Warum sprechen wir dann darüber?

A: Warum nicht? Es ist einfach, was passiert. Natürlich hat es keinen Sinn und keine Bedeutung. Da ist einfach sprechen darüber. Scheinbar zumindest. Allerdings scheint etwas hinter den Worten zu liegen; die Worte können auf etwas hinweisen, scheinen eine Botschaft zu transportieren, die nichts mit der sowieso nichts-sagenden Bedeutung des Wortes zu tun hat. Natürlich ist das eine Geschichte. (lacht).

In der Geschichte des scheinbaren Andreas wurde diesen Worten sehr gerne gelauscht. Auch wenn eine Zeit lang geglaubt wurde, sie wären wichtig.

F: Viele scheinen sich nach diesem Wegfallen zu sehnen. Kannst Du etwas darüber sagen?

A: Wie schon gesagt, niemand will das wirklich. Wenn jemand sagt, ich will mein 'Ich' verlieren, ist das meistens nicht wahr. Klar, wenn es dem scheinbaren Ich schlecht geht, kann es sich den Tod wünschen, dann aber um der Intensität der Situation zu entkommen. Dann sieht es den Tod als Ausweg aus der Verzweiflung. Aber das ist nicht, worum es hier geht. Es ist das scheinbare Ich, das sich von diesem scheinbaren Wegfallen etwas erhofft. Nämlich die Lösung. Es setzt das Wegfallen des Ich gleich mit der Lösung für seine Probleme. Auf eine Art hat es damit natürlich recht, aber der Haken ist, dass das scheinbare Ich gerne etwas davon hätte. Es möchte seine Abwesenheit erleben und das ist unmöglich! Wenn gesagt wird: „Ich würde so gerne verschwinden“, weiß der- oder diejenige gar nicht, was er oder sie sich da wünscht. Es geht wirklich um das eigene Ende. Man könnte auch sagen: Du wirst von Deiner Erleuchtung – obwohl das Wort Erleuchtung natürlich völlig daneben ist – nichts mitbekommen.

F: Was findest Du an diesem Wort so daneben?

A: Es gibt keine Erleuchtung! Außerdem ist das Wort ziemlich abgenutzt und muss wirklich für sehr viel herhalten. Im Allgemeinen wird in Kreisen, in denen an so etwas wie Erleuchtung geglaubt wird, selbige als das ultimative Ziel des persönlichen Weges angesehen. Die letztendliche Krönung des Ich. Das ist natürlich Quatsch. Da ist niemand; das wird in diesem scheinbaren Ende offenbar.

F: Wem wird das offenbar?

A: Niemandem.

F: Das behauptest Du doch einfach. Wer ist dieser Niemand?

A: Einfach niemand. Es ist nicht zu verstehen. Das scheinbare Ich glaubt immer an eine Instanz. Es ist das Einzige, was es kennt.

F: Wie hast Du es mit Wahrheit?

A: Einheit – das, was erscheint – ist jenseits von richtig oder falsch, also auch jenseits von Wahrheit. Da ist keine Wahrheit. Auch was hier gesprochen wird, ist nicht 'die Wahrheit', sondern einfach nur, was scheinbar passiert.

F: Es gibt keine Wahrheit?

A: Ja, es ist einfach. Was sollte daran wahr oder unwahr sein. Gut, man könnte es als real und irreal beschreiben, aber das hat nichts mit diesem 'wahr' zu tun, wovon wir eben gesprochen hatten.

F: Manche schlagen Übungen vor, um z.B. in den Moment zu kommen, achtsamer zu werden, oder so. Was hat es damit auf sich?

A: Da ist niemand! All diese Dinge finden innerhalb der Geschichte des scheinbaren Ich statt. Ich habe keine Ahnung, was damit gemeint ist. 'Achtsamer werden' oder 'in den Moment kommen'. Offensichtlich sind das Übungen für ein scheinbares Ich. Aber da ist niemand. Wovon hier gesprochen wird, hat nichts mit diesem scheinbaren Ich zu tun; man könnte

auch sagen, es geht über das Ich hinaus. Es ist die unglaubliche Arroganz des scheinbaren Ich, dass es glaubt, alles hinge von ihm ab. Das ist Blödsinn. Alles funktioniert wunderbar ohne 'Ich'. Es ist doch bereits so. Alles funktioniert, beziehungsweise ist irgendwie, zumindest scheinbar und da ist bereits niemand. Niemand ist je gewesen und hat etwas getan.
Das scheinbare Ich ist immer etwas zu spät. Wenn es denkt „ich bin Einheit", ist es das schon längst.

F: Und Selbsterforschung?

A: Mit Selbsterforschung ist es dasselbe. Sie kann geschehen – scheinbar, aber da ist einfach niemand, der Selbsterforschung betreiben könnte. Auch hier wird davon ausgegangen, dass in erster Linie jemand da ist, der sich selbst erforschen könnte, um dann heraus zu finden, dass es ihn nicht gibt. Das ist absurd. Selbsterforschung kann für das scheinbare Ich sogar attraktiv sein, denn sie kann eine Art künstliche Trennung schaffen. So ähnlich wie bei 'der Beobachter sein'. Wenn man der Beobachter wird, bleibt man von dem, was geschieht, scheinbar getrennt. Ist das sehr intensiv, kann es für das scheinbare Ich als angenehm empfunden werden, wenn durch das zusätzliche Abtrennen die Intensität der Geschehnisse nachlässt und sich zum Beispiel die Gefühle abkühlen. Es kann passieren, dass sich der Beobachter so weit abspaltet, dass allem gegenüber eine sehr starke Neutralität entsteht, die dann fälschlicherweise als Erleuchtung oder zumindest als 'spirituell fortgeschritten' empfunden wird. Auch bei Selbsterforschung kann durch das ewige Fragen von 'Wer bin ich?' - natürlich meistens in für das scheinbare Ich schwierigen Situationen – diese Trennung entstehen. „Ah, ich bin nicht das, nicht die Intensität, sondern etwas anderes ... ich bin hier und das Geschehen ist da ...“ und schon hat man die Abspaltung. Wovon hier gesprochen wird, hat nichts mit Abspaltung zu tun oder einer Form von Neutralität, die jemand hat. Da ist nur, was geschieht und was geschieht ist alles: Da ist also niemand, der sich davon abspaltet, sondern 100% Lebendigkeit. 100% das, was geschieht. Freude, Schmerz, Wut, Traurigkeit – einfach alles!

F: Wie stehst Du zu der Aussage „Alle sind bereits erleuchtet.“

A: Ich mag sie nicht. Denn da ist niemand. Ja, da ist nur Einheit, aber das ist völlig unpersönlich. Jede/-r, die/der glaubt zu sein, lebt in scheinbarer Trennung, nimmt sich also als etwas Eigenständiges, Getrenntes wahr und ist auf der Suche – nach Einheit. Man könnte sagen: Nur niemand ist erleuchtet, aber das sind Wortspielchen. Schon wieder dieses erleuchtet ...

F: Wenn ich jetzt zu Dir komme und sage: Ich will erleuchtet werden ...

A: Dann sage ich: Das ist das Problem! Da ist niemand und es gibt keine Erleuchtung. Der ganze Satz ist schon ein Witz an sich. Also vergiss' es. Und schon das ist zu viel. Denn wer könnte es vergessen.

F: Du sagst die ganze Zeit „Da ist niemand“. Du wiederholst Dich da ziemlich oft.

A: Ja, das stimmt. (lacht)

F: Was soll das bedeuten?

A: Es ist komisch, denn mittlerweile finde ich den Satz auch etwas abgelutscht. Klarer wäre natürlich, dass da ist, was erscheint, denn das ist schon vom Satz her völlig jenseits von 'Ich' und 'Nicht-Ich'. Das ist auch das Schwierige an der Formulierung 'Da ist niemand'. Es geht hier nicht um einen Gegensatz, wie 'da ist jemand' und 'hier ist niemand' oder wie schon gesagt von 'Ich' und 'Nicht-Ich'. Da ist nur Einheit. Im Prinzip spielt 'Ich' und 'Nicht-Ich' überhaupt keine Rolle, denn da ist niemand! (lacht) Sobald man denkt, dass da wirklich etwas existiert, das wegfallen, verschwinden, sich auflösen müsste, ist das schon eine Geschichte der Dualität. 'Da ist niemand' weist auf etwas hin, das jenseits von 'Jemand'- oder 'Nicht-Jemand'-sein ist. Aber das verstehen nur sehr wenige und es gibt auch Satsanglehrer, die mich gefragt haben, naja, also mir eher vorgeworfen haben, dass ich das 'Nicht-Jemand' sein so sehr betonen würde. Mag sein, dass das in den Talks manchmal so rüber kommt, aber eigentlich ist es nicht das, was gesagt wird. Die Botschaft von absoluter Einheit ist jenseits von 'Ich' und 'Nicht-Ich'. Man könnte auch sagen, dass 'Ich' nur scheinbar ein 'Ich' ist. Es ist real und irreal, eben eine Erscheinung. Aber auf keinen Fall etwas, das wirklich real, als ein Ding mit einer eigenen Essenz, existiert. Es ist, wie alles andere auch, eine Erscheinung. Man darf nicht vergessen, dass das scheinbare Ich immer aus seiner Sicht auf die Dinge schaut. Und diese Sicht ist eben dual.

F: A propos Satsanglehrer. Wie stehst Du dazu, dass überall mehr und mehr Satsang stattfindet und es sozusagen immer mehr Satsanglehrer gibt? Im Prinzip, beziehungsweise in der Wahrnehmung mancher, zählst auch Du zu einem dieser vielen neu aufgetauchten Erwachten.

A: Naja, vieles, was heute unter dem Namen ‚Satsang', ‚Advaita' und ‚Nicht-Dualität' angeboten wird, hat mit dem, was hier gesagt, nichts gemein. Das hier hat nichts mit Erleuchtung oder Spiritualität zu tun. Auch nicht mit ins Hier-und-Jetzt kommen. Es geht um nichts. Genau das macht den Unterschied.

F: Würdest Du sagen, dass jemand nur dann Satsang geben darf, wenn er erwacht ist? Ich meine, jeder könnte sich hinsetzen und diese Worte sagen. Das ist ja keine große Kunst.

A: Ich meine, einige machen das.

F: Was meinst Du?

A: Naja, offensichtlich ist das, was scheinbar passiert. Es gibt Satsanggeber – meine Veranstaltungen heißen übrigens OnenessTalks :-) – die sich offensichtlich als jemanden erleben. In deren Veranstaltungen geht es darum, dass es jemanden gibt, der etwas finden kann. Manchmal auch sehr subtil.

F: Und würdest Du sagen, es ist ein Unterschied, ob scheinbar 'jemand' das sagt oder scheinbar niemand.

A: Ja, natürlich. Der Unterschied ist energetisch. Es könnte z.B. nicht absichtslos sein. Diese Absicht kann durchaus positiv sein, wie zum Beispiel jemandem helfen zu wollen aus der Illusion auszusteigen oder sein perönliches Leid zu vermindern. Ich würde den Wenigsten eine böse Absicht unterstellen. Meistens sind das sehr ehrliche und aufrichtige Menschen, aber die ganze Dynamik, die hier stattfindet, nämlich das Aufeinandertreffen von scheinbar Etwas auf Nicht-Etwas, findet in solchen Treffen nicht statt. Es wäre also eine völlig andere Veranstaltung.

F: Es wäre dann also eher eine Philosophiestunde.

A: Ja, so in der Art. Wenn 'jemand' eine nicht duale Botschaft hat, ist es eine Philosophiestunde. Allerdings ist das meistens sehr offensichtlich und wird vom betreffenden Anbieter auch so bezeichnet. Aber was zur Zeit viel häufiger geschieht, ist, dass manche bereits Satsang anbieten oder anbieten wollen, während da eigentlich nur ein oder mehrere Erwachen stattgefunden haben. Die 'wissen' auf eine Art, wovon sie reden, weil sie es quasi erlebt haben. Die wissen auch, dass es nicht um Philosophie geht und bieten deshalb Techniken oder einen Weg an, bei denen es fühlbare Ergebnisse gibt.. Außerdem wird aus der Wahrnehmung heraus gesprochen, dass es eben doch scheinbar eine Instanz gibt, die einen freien Willen hat, und z.B. wählen kann, wo die Aufmerksamkeit hingeht. Ich kenne einige Leute, die mit dem Gedanken spielen, Satsang oder etwas Ähnliches anzubieten, obwohl da scheinbar noch jemand ist. Ich hatte auch so eine Zeit, in der manche glaubten, ich könne das jetzt tun, aber für mich war völlig klar, dass ‚ich' noch da bin. Dass es noch nicht alles ist. Das war in der Zeit nach meinem dritten Erwachen. Ich hatte alles gesehen. Dass da niemand ist, dass da nur Einheit ist und ein Großteil der Suche war abgefallen. Ich war relativ entspannt, habe viel Yoga gemacht und ich glaube, meine ganze Erscheinung war sehr spirituell und transparent. Aber da war eben doch 'jemand', der in Kategorien wie 'im Verstand sein' oder 'nicht im Verstand sein' gelebt hat. Sehr subtil zwar, aber doch auch offensichtlich. Wäre ich damals auf die Idee gekommen, so etwas anzubieten, hätte ich diese Sprache verwendet und gleichzeitig eine Mischung aus ‚aus dem Verstand ins Hier-und-Jetzt-kommen' und Selbsterforschung gelehrt. Diese Art der scheinbaren Begegnung konnte erst stattfinden, als das scheinbare Ich völlig verschwunden war. Und das ist etwas völlig anderes.

F: Weil es um nichts geht?

A: Ja, weil es um nichts geht. Was erscheint, ist es. That's it!

F. Wie ist das dann mit der ‚Lehrer-Schüler-Beziehung'?

A: Sobald da was Persönliches mitschwingt, gibt es einen Ansatzpunkt für eine Lehrer–Schüler-Beziehung, Viele bieten eben eine Art Therapie an und/oder glauben, dass sie jemand

sind, der erwacht ist und das entweder weiter geben oder Andere beim Aufwachen unterstützen kann. Da wird dann wirklich an einen ‚Jemand' und einen Prozess geglaubt. Eben dass es irgendwo hin geht. Meistens ist das Ganze auch von großer Bedeutung. Daran ist nichts Schlechtes, hat aber mit dieser unpersönlichen Botschaft nichts zu tun. Ich muss und kann niemandem etwas beibringen; ja, nicht mal helfen.
Neulich habe ich mit jemandem gesprochen, der, so wie ich es verstanden habe, Nicht-Dualität mit dem Persönlichen verbinden wollte, oder, wie er es nannte, das ‚Absolute mit dem Relativen'. Aus meiner Sicht trifft das nicht den Punkt, denn das eben nur scheinbar Persönliche ist ebenfalls unpersönlich, also nicht getrennt. Man könnte auch sagen, das Relative ist das Absolute und umgekehrt. Wenn innerhalb der Geschichte, scheinbaren Menschen geholfen wird, ist es das, was passiert, also Einheit, hat aber in dem Sinn nichts mit dieser Botschaft zu tun. Mir geht es nicht darum, Menschen zu helfen; da ist niemand, der diesbezüglich meine Hilfe braucht oder dem ich etwas geben könnte.

F: Also willst Du gar nicht dabei helfen, dass die Welt aufwacht?

A: Um Gottes Willen. Ich weiß gar nicht, was damit gemeint ist. Für mich ist das eine weitere Geschichte. Da wird diese Botschaft in eine neue, alles überspannende Geschichte gepackt. „Das Aufwachen der Welt“ - wie bedeutend, groß und unglaublich wichtig sich das schon anhört. Das scheinbare Ich lebt dabei richtig auf. Für mich ist es wirklich nichtssagend.
Ja, es sieht so aus, als ob das Chaos auf der scheinbaren Welt größer wird und das weist auf jeden Fall in Richtung dieser Botschaft von absoluter Freiheit, bzw. könnte sogar als Bild oder Metapher dafür herhalten, aber im Endeffekt ist da einfach nur, was erscheint. Punkt. Und der Rest ist Geschichte. Und naja, eigentlich ist auch das schon eine Geschichte.

F: Du siehst also kein übergeordnetes Aufwachen oder dass sich die Welt hin zu mehr Harmonie und Liebe bewegt?

A: Also, wenn ich heute in die scheinbare Welt schaue, sehe ich weder eine Entwicklung hin zu mehr Liebe noch zu mehr Aufwachen. Allerdings sehe ich auch keine Entwicklung zum Gegenteil. Da ist einfach nur, was erscheint, und das kann als alles erscheinen. Und wenn man jetzt die scheinbare Welt

nimmt, erscheint aus meiner Sicht tatsächlich alles: Von den größten Greueltaten und Katastrophen bis hin zu den bewegendsten Momenten, Taten der Nächstenliebe und dem, was wir als Menschlichkeit bezeichnen. Auch scheinbare Befreiung scheint zu geschehen. Aber eine scheinbare Tendenz, wie gesagt, außer vielleicht hin zu mehr scheinbarem Chaos, erkenne ich nicht. Auch wenn man jetzt die scheinbare Geschichte anschaut, gibt es da allerlei Revolutionen und Verbesserungen; allerdings hat keine davon jemals die Wahrnehmung 'jemand' zu sein, an sich betroffen. Da hat sich, meiner Ansicht nach, nie was verändert.
Dass in dieser ganzen Geschichte, wie übrigens in jeder Geschichte, total übersehen wird, dass Einheit bereits ist, dass also überhaupt nichts stattfindet, auch keine Bewegung oder Entwicklung in Zeit, scheint niemand zu bemerken. Eine weitere Geschichte des scheinbaren Ich, dass das Glück irgendwo in der Zukunft vermutet. Dabei ist offensichtlich: Vollkommenheit ist bereits der Fall! Und findet nicht erst statt, wenn eine scheinbare Menschheit erwacht.

F. Hast Du nicht den Eindruck, dass sich mehr und mehr Menschen für diese Art der Botschaft interessieren?

A: Doch, das scheint so zu sein. Allerdings gibt es insgesamt auch immer mehr Menschen. Vielleicht bleiben es einfach immer 5% der Menschheit, die sich dafür interessieren. Bei mittlerweile 7 Milliarden sind das natürlich eine ganze Menge, aber ob es immer mehr werden, weiß ich nicht.

F: Wieso dann die Talks?

A: Ich habe keine Ahnung. Sie passieren ohne Grund, und sobald ich anfange, da in irgendwas reinzugehen, zum Beispiel dass Menschen ihr 'Ich' verlieren, weil sie zu mir kommen, ist das einfach blanker Irrsinn. Es hat nichts mit 'mir' zu tun. Da sind auch keine Menschen, die befreit werden könnten und müssten. Und doch, und auch das ist eine Geschichte, scheint im Zusammenhang mit dieser Botschaft Einiges zu geschehen. Es ist sehr kraftvoll. Und wenn eine suchende Energie auf dieses Nichts stößt, kann es eben eine scheinbare, energetische Veränderung geben. Natürlich ist das ebenso unpersönlich, wie alles andere auch. Aber, wie schon gesagt, das ist eine Geschichte und keinesfalls die Wahrheit. Ebenso ist es keine Bedingung. Niemand muss diese Botschaft hören, geschweige denn zu einem Talk kommen, damit dieses scheinbare Geschehen geschehen kann.

F: Könnte man sagen, dass es in den Talks darum geht, dieses Ich zu verlieren?

A: Nein, es geht wirklich um nichts. Da ist kein Ich, das man verlieren könnte. Das ist auch gar nicht möglich, weil hier einfach niemand erkannt wird. Da kann gar nicht zu jemandem gesprochen werden, damit der was hört, erkennt oder damit er wegfällt. Das ist ja das Spannende und auch der Hauptunterschied zu den meisten „Angeboten“. Dieses Sprechen ist völlig absichtslos. Es ist nicht für Dich, damit Du ... ... es ist unpersönlich und hat keine Richtung, sondern ist einfach, was geschieht. Genau das ist die Schönheit dieser Talks und macht deren Kraft aus.

F: Das ist doch jetzt eine Geschichte, oder?

A: Ja, natürlich. (lacht) Das sind keine Talks, da ist kein Andreas und auch keine Botschaft. All das gibt es nicht.

F: Wie meinst Du das?

A: All das erscheint, existiert aber nicht in Zeit und Raum. Da ist keine Zeit und kein Raum.

F: Manche sagen, dass man nicht nur sagen kann, dass da nichts ist, sondern auch etwas.

A: Ja, aber genau das könnte ich nicht so sagen. Natürlich ist da nicht nichts, aber auch nicht etwas. Was da ist, zumindest scheinbar, ist Nicht-Etwas. Eben auf keinen Fall etwas. Für mich ist 'etwas' etwas, das wirklich in Zeit und Raum existiert. So etwas gibt es aber nicht. Da ist nur Einheit. Das, was nicht gekannt werden kann, weil es eben nicht etwas ist.

F: Gibt es dann auch keine Welt?

A: Ja, natürlich. Da ist keine Welt.

F: Und was jetzt geschieht? Dieses Sprechen und Hören? Gibt es das etwa auch nicht?

A: Natürlich gibt es das nicht. Würdest Du etwa behaupten, dass es existiert? Für das scheinbare Ich sind das voneinander getrennte Dinge, Vorgänge, die es glaubt zu kennen. Es ist genau diese Wahrnehmung, die das, was erscheint, auftrennt in scheinbar kennbare Dinge. Da ist eben nicht Sprechen oder Hören, da ist kein Raum, und da sind keine Körper, in denen ein Ich wohnt und die miteinander sprechen. Ja, für das scheinbare Ich sieht es wirklich so aus und fühlt sich auch so an. Ohne Ich, ist das eben das, was erscheint. Nicht-Etwas, das als das erscheint, aber Nicht-Etwas ist. Und erstaunlicherweise ungeteilt ist. Eben nicht Sprechen und Hören.

F: Das ist ja abgefahren. Ich erlebe gerade die Auflösung der Welt.

A: Ja, im wahrsten Sinne des Wortes. Endet die Wahrnehmung, jemand zu sein, endet die Wahrnehmung von Trennung. Damit endet die Welt, wie Du sie kennst und zurück bleibt DAS. Ungeteilt, eins. Das ist es!

F: Okay, kommen wir zu etwas Anderem: Magst Du etwas über Deine Geschichte erzählen.

A: Um ehrlich zu sein, nein. Konkrete Fragen beantworte ich gerne, aber ich empfinde meine Geschichte in Bezug auf diese Botschaft für vollkommen irrelevant. Außerdem kriege ich sie gar nicht so zusammen, dass man einen flüssigen Text daraus schreiben könnte. Auch bei meiner Geschichte ist hier vor allem Nicht-Wissen; ich habe keine Ahnung, wie es war. Ja, ich könnte ein paar Eckpunkte erzählen, aber bei jedem Versuch, da was zu erzählen, fällt es sofort in sich zusammen und verschwindet ... ... die Geschichte ist nichts, nur eine Geschichte, ein Märchen und selbst das ist real und irreal. Da ist sowieso nie wirklich was passiert.
Wer weiss, vielleicht klappt's mit der Zeit ja besser und ich habe Stoff für ein zweites Buch. (lacht).

F: Dann probiere ich es etwas konkreter: Wie hat das mit den Meetings angefangen? Hast du irgendwann gesagt: „So, jetzt hab' ich's, jetzt fange ich an Satsang zu geben.“?

A: Ist schwer zu sagen. Auf einmal war klar, dass es geschieht.

F: Wie meinst Du das? Es war klar, dass es geschieht. Warum hast Du damit angefangen?

A: Warum ich damit angefangen habe, weiss ich nicht. Auf einmal wurde die Webseite gestaltet, erste Termine festgesetzt, undsoweiter. Es geschah so natürlich wie andere Dinge auch geschehen; auf die Toilette gehen zum Beispiel oder morgens aus dem Bett aufstehen. Natürlich war mehr Freude und Aufregung dabei und auch viel Überraschung. Ich hatte mir ja nicht vorstellen können, so was zu machen. Außerdem hatte ich kein Ereignis. Die Meetings haben begonnen, ohne dass ich das Wegfallen des scheinbaren Ich bemerkt habe – ich bemerke es heute noch nicht. Es kann sogar sein, dass, als klar wurde, dass die Meetings geschehen, ab und zu noch scheinbare Trennung scheinbar da war, aber das weiss ich nicht. Wenn ich zurückschaue, gibt es dieses Vorher-Nachher nicht.

F: Wie meinst Du das, „Du bemerkst es nicht".

A: Naja, da ist einfach niemand, der bemerken könnte, dass da niemand ist. Da ist einfach niemand! Für manche scheint es ein Ereignis zu geben, bei dem sich das scheinbare Ich auflöst. Die können dann sagen, zumindest als Geschichte, es war an diesem Tag, als ich dies oder das getan habe. Ich hatte so was nicht. Es gab einfach kein Ereignis. Ich hab's nicht mitgekriegt. Und auch heute ist da niemand, der es weiss. Die Meetings haben einfach so begonnen.

F: War es nicht so, dass Dir jemand Deine Befreiung bestätigt hat? So in dem Sinn: 'Ja, jetzt hast Du es.'

A: Ja und Nein. Die Webseite, die ersten Termine usw. geschahen einfach so. Es war einfach klar, dass das jetzt passieren würde, beziehungsweise es war einfach das, was passierte. Da bedurfte es keiner Bestätigung von aussen. Es ist, um ausnahmsweise eine Stelle aus der Bibel aufzugreifen, und ich weiss, das ist sehr missverständlich, auf eine Art 'selbstbezeugend'! Es bedurfte und bedarf keiner Bestätigung, weder von innen noch von aussen. Es bedarf überhaupt keiner Bestätigung, denn da ist keine Instanz – weder innen noch aussen - die bestätigen könnte. Wovon hier gesprochen wird, ist das einzig natürlich Offensichtliche.

Bevor das erste Meeting stattfand, nein, das stimmt gar nicht, es war bereits ein Interview mit mir online, naja, zumindest irgendwann am Anfang erzählte ich Tony Parsons, mit dem ich einige Zeit davor regelmäßiger in Kontakt war, von den anstehenden Meetings und es gab großen Zuspruch von seiner Seite. Das war sehr schön, aber in dem Sinn nicht relevant oder ausschlaggebend. Etwas später hatte ich Samarpan und Pari, mit denen ich auch viel Zeit verbracht habe, davon erzählt, und auch deren Reaktionen waren sehr schön.

F: Würdest Du sagen, dass das Deine Meister waren?

A: Auf eine Art ja, zumindest innerhalb der Geschichte. Ich habe ja wirklich so eine typische Sucher-Geschichte mit vielen Jahren im Satsang. Bei Samarpan war ich viele Jahre regelmäßig im Satsang; und war zu dieser Zeit bestimmt einer seiner most-devoted Devotees. Ich besuchte alle Retreats und reiste zwischendurch auch immer wieder mit. Gleich auf dem ersten Retreat hatte ich ein Erwachen, aber das habe ich erst sehr viel später begriffen, als ich mir das Video angeschaut habe und sah, wie ich Samarpan davon berichtete. Ich bekam einen spirituellen Namen und ging für viele Jahre so richtig in den Prozess (lacht). Irgendwann hatte ich dann ein zweites Erwachen auf einem Retreat in der Schweiz. Es war eine sehr schöne und intensive Zeit.

F: Und Pari und Tony Parsons?

A: Anfang 2009 war klar, dass die intensive Zeit mit Samarpan vorbei war. Satsang mit Samarpan verlor seine Anziehung, seine Wichtigkeit. Im Nachhinein eine sehr organische Sache. Während dieser Zeit bin ich Tony begegnet. Und da hörte ich scheinbar nochmal etwas Neues. Auf einmal, und das war offensichtlich, stand für mich nicht die Person, sondern eindeutig die Botschaft im Vordergrund. Das erste Mal war ich, gefühlsmäßig, ohne Meister. Ohne Anleitung, ohne Bezugspunkt. Da war einfach nur die Botschaft – und Resonanz. Eine Woche nach der Begegnung mit Tony hatte ich ein weiteres Erwachen – dieses Mal wieder im Satsang – damals fiel ein Großteil der spirituellen Suche einfach ab. Auf einmal war es so offensichtlich, dass da niemand ist. Allerdings ist die Wahrnehmung, jemand zu sein, zurückgekommen, doch auf eine Art schwächer. Man könnte sagen: Ich war erwacht! (lacht)

Mit Pari lebte ich dann einige Zeit auf Korfu und auch das war sehr schön. Allerdings war das für mich keine typische Meister-Schüler-Geschichte mehr. Zu dieser Zeit war es bereits sehr offensichtlich, dass das Erleuchtungs- und spirituelle Ding nichts mit mir zu tun hat. Ich lebte und genoss so gut es ging. Aber da haben wir es schon: 'Ich' lebte noch ...
Nach Korfu besuchte ich immer wieder Tony um seiner Botschaft zu lauschen, aber das geschah viel, viel seltener, als ich das von früher gewohnt war, als ich mit Samarpan gereist bin und ihn fast wöchentlich gesehen habe. Ich war geradezu entspannt damit. Und wie gesagt, ich habe Tony nie wirklich als Meister gesehen. Da gab es für mich nie diese Beziehung und diese starke Sehnsucht.

F: Und dann kam das endgültige Ding?

A: Ja, anscheinend kam das irgendwann, aber ich hab's schon gar nicht mehr erwartet. Wie schon gesagt, über das Wegfallen, also das scheinbare Wegfallen, kann ich nichts sagen.

F: Das ist ja eine schöne Geschichte. Würdest Du jetzt wirklich sagen, dass das einfach so passiert ist und es da keinen

Zusammenhang gibt?

A: Natürlich, das ist einfach eine Geschichte. Die hört sich nett an; lässt sich gut erzählen, hat aber keine Bedeutung. Das erste Erwachen hatte nichts mit Samarpan zu tun, das zweite nichts mit dem ersten undsoweiter. Es gibt und gab nie eine Person Andreas oder Samarpan oder Tony Parsons. Es gab auch nie dieses Geschehen; diese ganze Geschichte ist nie geschehen. Es ist einfach eine Geschichte. Ein Märchen. Auch dieses scheinbare Wegfallen ist eine Geschichte.

F: Was war vor der spirituellen Suche?

A: Puuh. Das geht jetzt aber wirklich weit zurück. Meine Kindheit war okay. Ich würde sagen, eine normale, wunderschöne Kindheit, ganz sicher eher privilegiert. Es gab alles, ein tolles Haus, viele Wiesen und spielende Kinder. Wir konnten oft in den Urlaub fahren, undsoweiter. Dann aber auch Scheidung der Eltern und die üblichen Traumata. Nichts wirklich Aussergewöhnliches; ein normales Trauma auf Raten. In der Pubertät begann dann so etwas wie ein grundlegender Wandel. Ich wurde unzufrieden und fing an, mich mit den wichtigen Fragen des Lebens zu beschäftigen ... (lacht). Im Prinzip könnte ich sagen, dass da die (offensichtliche) Suche begann. Ich nahm eine Zeit lang Drogen und wurde zum schwarzen Schaf. Ich trieb es so schlimm, dass es nicht mehr normal war, aber auch nicht so, dass es total unten endete. Trotzdem war ich hinterher ziemlich fertig. Allerdings habe ich selbst auch diese Zeit in guter Erinnerung. Es war eher ein großes Abenteuer und ich habe es solange genossen, bis es nicht mehr ging. Danach wurde ich spirituell. Da war ich ungefähr 22.

F: Könnte man sagen, dass Spiritualität im engeren Sinn diesen Lebenswandel abgelöst hat?

A: Ja, auf eine Art ganz bestimmt. Wie gesagt, ich war nach dieser Drogenzeit, die immerhin rund 7 Jahre gedauert hat, ziemlich fertig. Aber anstatt eine Therapie zu machen, bin ich auf den spirituellen Weg gegangen; allerdings mit vielen therapeutischen Ansätzen. Ich habe z.B. eine ganze Weile und intensiv Rebirthing gemacht. Da gibt's ja auch viele Sachen, die auf eine Art 'high' machen.

F: Was ist Spiritualität für Dich heute?

A: Eine große Geschichte. Ich kann nichts mehr damit anfangen. Manchmal vergleiche ich es sogar mit meiner Drogenzeit. Eine Jagd nach Zuständen. Neulich hat mir jemand in einer E-Mail geschrieben, dass das scheinbare Ich immer berauscht sein will. Ja, so ist es. Und auf dem spirituellen Weg gibt es sehr viele Berauschte. Die ganzen energetischen Spielchen, das Gerede von göttlicher Liebe und auf dem Weg sein, Engel und das Ganze. Alles ist sehr heilig und bedeutend. Da kann man schon 'high' werden. Aber wie gesagt, daran ist nichts verkehrt. Es ist Einheit.

F: Viele Menschen befinden sich auf einem spirituellen Weg. Was würdest Du ihnen raten?

A: Nichts, ich kann ihnen nichts raten. Da ist niemand und auch kein spiritueller Weg. Nur, was erscheint, und wenn 'auf einem spirituellen Weg sein erscheint', ist es das, was erscheint. So gesehen gibt's damit kein Problem, aber ich weiss schon, für die Sucher-Energie ist das kein Trost. Vielleicht könnte man sagen: Befreiung zu suchen, bringt nicht Befreiung sondern verhindert sie. Aber auch das ist eine Geschichte, denn da ist keine Wahl, sondern nur, was erscheint.

F: Also kein Rat?

A: Nein, natürlich nicht! Da ist nur Einheit, Vollkommenheit. Vom scheinbaren Ich wird das nicht so erlebt, aber es kann auch nicht erlebbar gemacht werden.

F: Lieber Andreas, gibt es einen Ausweg?

A: Einen Ausweg? Wohin? Woraus? Natürlich ist da kein Ausweg. Für das scheinbare Ich gibt es keinen Ausweg. Es ist absolut hoffnungslos, zum Glück. Es muss keinen Ausweg geben. Das ist das Schöne. Da ist nur, was erscheint. Das ist Freiheit.

F: Vielen Dank für das Interview.

A: Ja, sehr gerne.

Tausend Fragen – keine Antwort hallt.

Nur DAS!!

4.OnenessTalks mit Andreas

A: Das Dilemma des scheinbaren Ich ist, dass seine einzige Funktion darin besteht, sich als Ich – eben als das, was scheinbar getrennt ist – wahrzunehmen. Also führt nichts, was dieses scheinbare Ich glaubt zu tun oder zu lassen, aus der Wahrnehmung von Ich-sein heraus. Es ist ein Dilemma und da gibt es keinen Ausweg. Allerdings braucht es auch keinen Ausweg, denn es geht nirgendwo hin.

F: Das heißt, dass Meditation und dergleichen nichts bringen?

A: Naja, zumindest nichts in Bezug hierauf. Ich meine, da kann auch scheinbar meditiert werden, aber ohne Ich verschwindet die Wahrnehmung eines Meditierenden und damit auch die Geschichte, die vom scheinbaren Ich bezüglich Meditation geglaubt wird. Zum Beispiel, dass aufrecht dasitzen heiliger, bedeutender, richtiger, spiritueller wäre, als fern zu sehen. Natürlich fühlt sich Fernsehen an wie Fernsehen, und Meditation wie Meditation, aber es hat keine Bedeutung. Was erscheint, erscheint als Alles. Und ist alles.

F: Ja, okay, aber wie kann ich dahin kommen?

A: Wohin?

F: Na, da, wo Du bist.

A: Gar nicht. Niemand kann dahin kommen.

F: Aber Du bist doch da.

A: Ja, so scheint es, aber hier ist niemand, der irgendwo anders ist, als Du es bist.

F: Und wie ist das mit ins ‚Hier und Jetzt' kommen?

A: Es gibt kein ‚Hier und Jetzt'. ‚Hier und Jetzt' ist eine Geschichte des scheinbaren Ich, das daraus ein neues Ding macht. Einen Ort namens ‚Hier und Jetzt' oder auch gerne 'dieser Moment'. Aber es gibt diesen Moment nicht. Da ist nur, was erscheint.

Ich habe den Verdacht, dass manche das mit 'Hier und Jetzt' beschreiben, aber was erscheint, erscheint außerhalb von Zeit und Raum und eben nicht hier und nicht jetzt. Da ist kein Moment, in den man kommen könnte, und da ist niemand. Wäre da jemand, der in den Moment kommen kann, wäre da einfach jemand, der dann im Moment lebt. Aber immer noch wäre da jemand.

F: Es gibt einfach keinen Ausweg.

A: Stimmt.

F: Was ist eigentlich das Schlimme an scheinbarer Trennung? Ich meine, damit gibt es doch eigentlich gar kein Problem.

A: Nichts, überhaupt nicht. Es ist Einheit, die als das erscheint. Der einzige Haken dabei ist, dass sich das scheinbare Ich unbefriedigt fühlt. Scheinbar nicht Das zu sein, kann sich unter Umständen ziemlich beschissen anfühlen. Aber ansonsten gibt's damit kein Problem (lacht).

F: Okay (lacht auch). Habe verstanden. Was rätst Du uns?

A: Nichts.

F: Wieso denn nicht?

A: Weil da niemand ist. Weder hier bei mir, noch bei dir. Ich sehe einfach niemanden, der einen Rat bräuchte. Es geht nirgendwo hin. Selbst die kleinste Veränderung wäre ein Schritt zu viel und käme aus der Wahrnehmung von scheinbarer Trennung. Nichts muss geschehen, damit das, was erscheint, so erscheinen kann, wie es erscheint. Einheit muss sich nicht verändern, um Einheit zu sein.

F: Also, diese Einheit ...

A: Da ist nicht *diese* Einheit, sondern nur, was erscheint. Das könnte man als Einheit bezeichnen, aber es ist nur, was erscheint! Was erscheint, ist Nicht-Etwas. 'Diese Einheit' hört sich schon an wie ein Ding, das es in Wirklichkeit gibt. Da ist aber nur Nicht-Etwas.

F: Manche Menschen raten, dass man an sich arbeiten müsse, um ein besserer, glücklicherer oder entspannterer Mensch zu werden.

A: Ja, ich weiß. Schlimm ist das. Ohne Ich ist da niemand, der an sich arbeiten könnte oder müsste, denn derjenige, der in der Wahrnehmung lebt, in Zeit zu existieren und auf einem Weg zu sein, ist nicht mehr (lacht). Auch das ganze Ding mit ‚gut' und ‚schlecht', ‚sollte sein' und ‚sollte nicht sein', fällt weg. Das ganze Konzept von 'an sich arbeiten' kommt aus der Wahrnehmung von scheinbarer Trennung und hat mit dem, wovon hier gesprochen wird, nichts zu tun. Dieses 'an sich arbeiten' hört nie auf. Es wird immer etwas geben, an dem man scheinbar arbeiten und feilen kann, das heißt, egal was passiert, es wird sofort beurteilt und mit einem Auge immer in die Zukunft geschielt. Ich meine, wer will im Endeffekt sein ganzes Leben mit Arbeiten verbringen? Das kann man doch wohl nicht wirklich raten (lacht).

F: Oh Mann, es gibt so viele Dinge, die das scheinbare Ich glaubt, tun oder sein zu müssen.

A: Ja, man kann sie gar nicht alle aufzählen. Was sie allerdings gemeinsam haben, ist die Wahrnehmung, dass es etwas mit 'mir' zu tun hat, soll heißen, dass ich es auf irgendeine Art tun oder lassen können müsste, und natürlich die Ausrichtung auf die Zukunft. Seien es nun ein paar Jahre oder ein paar Millimomente. 'In den Moment kommen' ist so ein Beispiel. Ist nicht viel, aber eben doch ein Schritt, den das scheinbare Ich glaubt, gehen zu müssen.

F: Blockaden auflösen?

A: Ich habe keine Ahnung, was damit gemeint ist.

F: Veränderst Du Dich also überhaupt nicht?

A: Ich habe keine Ahnung. Da ist niemand, der sich verändern könnte, allerdings – und das ist eine Geschichte – scheint

Veränderung zu geschehen. In manchen Situationen scheine ich mich heute anders zu verhalten als früher; in manchen aber auch nicht. Manchmal scheine ich sogar dazu zu lernen. Es hat keine Bedeutung. Da ist eben niemand, der so und so ist, sondern nur, was erscheint.

F: Wie nimmst Du Gefühle war, bzw. wie gehst Du mit Gefühlen um?

A: Gar nicht. Derjenige, der Gefühle wahrnimmt ist nicht, deshalb geht auch niemand mit ihnen um. Ohne Ich zu sein ist das Ende von Wahrnehmung.

F: ... aber ohne Wahrnehmung ...

A: Ja, Wahrnehmung gehört zur Traumwelt des scheinbaren Ich, das in permanenter Wahrnehmung von etwas lebt. Die ganze künstliche Realität des scheinbaren Ich ist auf Wahrnehmung aufgebaut, beziehungsweise Wahrnehmung ist der Grundstein für scheinbare Trennung. Da geht es nämlich schon los: Hier bin ich und da ist ein Gefühl. Und die Verbindung oder Beziehung zwischen diesen scheinbar getrennten Dingen ist das Wahrnehmen. Wahrnehmung kann nur zwischen scheinbar getrennten Dingen, Vorgängen oder Prozessen ablaufen. Ohne Ich, verschwindet derjenige, der in Wahrnehmen lebt.

F: Und Du?

A: Da ist auch keine Wahrnehmung von 'mir'. Eben das ist es ja. Niemand da, der getrennt ist und deshalb eine Wahrnehmung von 'etwas' haben kann. Da ist nur, was erscheint. Und das ist eins und eben nicht zwei.

F: Das ist absolut erstaunlich, macht aber auch ganz schön Angst. Was bleibt mir denn noch, wenn da nicht mal Wahrnehmen ist?

A: Nichts, sprichwörtlich nichts. Zusammen mit dem scheinbaren Ich verschwindet diese ganze künstliche Realität. Man könnte auch sagen, mit dem Ende des Ich endet auch die

Welt. Was bleibt, ist, was erscheint. Nicht-Etwas.

F: Wieso sollte ich das denn überhaupt wollen?

A: Das weiß ich auch nicht ... (lacht).

F: Lieber Andreas, jetzt suche ich schon so lange danach, aber langsam komme ich dahinter, dass ich das nie wirklich wollte. Ich habe ja keine Ahnung gehabt, was ich da eigentlich wollte.

A: Ja, es gibt keinen Grund, warum Du Dein eigenes Ende wollen solltest. Auf eine verzwickte Weise glaubt das scheinbare Ich, dass es von seiner Abwesenheit etwas hätte. Das ist wirklich ein Witz. Als ob es das erleben könnte.

F: Du sagst immer 'da ist niemand'. Aber ich merke, wie ich da durcheinander komme. Denn manchmal ist da scheinbar jemand, der wegfallen kann, und manchmal ist da einfach niemand. Das verwirrt mich.

A: Ja, das ist es auch. 'Da ist niemand' wird scheinbar auf zwei Arten verwendet. Einmal als Hinweis darauf, dass es einfach keine getrennten Instanzen gibt. Es gibt weder Ich noch Du, weder Gott noch Teufel, weder Erleuchtete noch Unerleuchtete, weder ein relatives noch ein absolutes Sein, weder eine relative noch eine absolute Ebene. Diese Ideen kommen alle aus der Wahrnehmung von scheinbarer Trennung.

Jedoch kann das, was keine Instanzen kennt, auch scheinbar als 'Ich', also als scheinbare Instanz erscheinen. Und in der künstlichen Realität dieser scheinbar getrennten Instanz gibt es eben Instanzen. Da gibt es 'Ich' und 'Du', sowie 'Erleuchtete' und 'Nicht-Erleuchtete', zumindest scheinbar. Natürlich entbehrt das jeglicher Realität, aber so wird es nun mal wahrgenommen. Und innerhalb dieser Geschichte gibt es den scheinbaren Gegensatz von 'Jemand sein' und 'Niemand sein'. Aber das ist eben eine Geschichte. Ob da scheinbar 'Jemand' ist oder scheinbar 'niemand' ist, beides ist, was erscheint, also Einheit. Da ist nur Einheit, die als das erscheint, als was sie erscheint. Und das ist unpersönlich. Man könnte auch sagen, dass selbst scheinbare Trennung oder scheinbar 'Jemand' sein, völlig unpersönlich geschieht.

F: Vor einigen Jahren habe ich aufgehört, den Fokus nach außen zu richten und jetzt bin ich dabei, den Fokus nach innen zu richten. Dabei gelingt es mir auch immer wieder, in mir diesen Raum der Stille zu finden, von dem Du, glaube ich, sprichst, aber ich kann dort nicht verweilen.

A: Wovon hier gesprochen wird, hat nichts mit außen und innen zu tun, sondern mit dem Ende des Fokus. Es ist das scheinbare Ich, das innen und außen kennt und eben dort sucht, wo es Einheit vermutet. Die ganze Zeit hört es, dass es im Außen zu finden sei, in Karriere, Geld, Familie, usw. Und wenn das scheinbare Ich dann spirituellen Lehrern begegnet, wird gesagt, dass es eben nicht außen, sondern innen zu finden ist. Dann richtet das scheinbare Ich – quasi von sich aus als scheinbar wirklich existierendem Zentrum – seinen Fokus nach innen. Meistens denkt es dabei an ‚innerhalb der Körpergrenzen'.

F: Und das führt zu nichts?

A: Naja, wie im scheinbaren Außen, scheint es auch im scheinbaren Innern sogenannte Erfolge zu geben. Einsichten, Erleuchtungen, Momente der Stille und Liebe, des Mitgefühls, spirituelle Erfahrungen und all das. Manche Menschen fangen regelrecht an zu leuchten – ist ja auch kein Wunder, wenn so viel Fokus und Energie nach innen gerichtet wird. Aber das alles spielt innerhalb der Geschichte des scheinbaren Ich. Auch hier braucht das scheinbare Ich ein höheres Ziel bzw. eine Geschichte und die Wahrnehmung, dass Einheit eben nicht alles bzw. nicht das ist, was erscheint, sondern eben dass 'Ich' durch irgendwelche Techniken einen schönen, akzeptablen Zustand erreichen kann. Es hat mit dem, wovon hier gesprochen wird, vom scheinbaren Ende des scheinbaren Ich, nichts zu tun.

F: Aber das ist doch auch Einheit.

A: Ja, natürlich. Auch das erscheint ja. Was erscheint, erscheint eben auch als das, was sich als getrennt erlebt und glaubt, Leben ‚tun' zu müssen. Das ist Einheit.

F: Dann ist es ja gar nichts Falsches.

A: Nein, es gibt nichts Falsches. Da ist nur, was erscheint. Was erscheint, ist Einheit. Das „Problem" ist, dass das scheinbare Ich eben irgendwo suchen muss. Innen, außen, im Morgen, im Gestern, in einer Idee, einer Vorstellung oder einem Bild. Es sucht nie in allem – kann es natürlich auch nicht, aber so ungefähr könnte man es beschreiben. Weil es immer nur Etwas sucht, übersieht es völlig, dass Einheit eigentlich alles, aber Nicht-Etwas ist. Auch scheinbare Trennung ist Einheit, aber das zu wissen bringt dem scheinbaren Ich nichts, denn das nimmt sich einfach als Ich wahr – und ist unbefriedigt.

F: Wenn ich jetzt regelmäßig zu Dir in die Treffen komme, ist die Chance dann größer, dass es passiert?

A: Das was passiert?

F: Na, mein Ende.

A: Natürlich nicht. Es gibt hier kein Ursache-und Wirkung-Prinzip.

F: Dann bin ich also völlig umsonst hier?

A: Umsonst weiß ich nicht; ich dachte, Du kommst, weil es Dir gefällt (lacht)! Niemand ist gekommen. Es ist einfach das, was erscheint und hat keine Bedeutung. Es ist nicht mehr oder weniger, als alles andere, was erscheinen könnte.

F: Ich dachte, es gibt nur Das?

A: Ja, da ist nichts, was erscheinen könnte, sondern nur, was erscheint. Das.

F: Andreas, wie kann ich das Ego transzendieren?

A: Es gibt nichts zu transzendieren. Da ist keine Ego, das man transzendieren kann. Da ist nur, was erscheint. Da bleibt überhaupt kein Platz mehr für Ego, Nicht-Ego oder was auch immer. Was erscheint, ist ungeteilt, eins, nicht-zwei. Das ist es.

F: Gibt es da nicht eine Instanz, eben Etwas? Gott oder eine göttliche Intelligenz?

A: Da ist kein Gott, auch keine göttliche Intelligenz. Das sind alles Vorstellungen, die aus der Wahrnehmung von scheinbarer Trennung kommen. Man könnte auch Projektionen dazu sagen. Das scheinbare Ich projiziert seine trennende Sichtweise auf die Erscheinung. Es gibt keine Instanzen. Weder Ich, noch Ego, noch Gott oder einen Teufel. Auch keine geheimnissvolle Kraft, die das ganze erschafft und als Realität in Zeit und Raum existiert. Es gibt nur dieses Wunder.

F: Wieso erzählen so viele, dass es ein Ich gibt, das beseitigt werden könnte?

A: Weil das ihre Erfahrung ist. Es kann sein, dass jemand die Erfahrung eines Ich-Zusammenbruchs macht und dann glaubt, dass er oder sie befreit ist. Und dass der Zusammenbruch damit zusammenhängt, was er oder sie vorher getan hat. Aber so ein Zusammenbruch ist nicht zwangsläufig das Ende. Solange es innerhalb der Geschichte von 'Ich' stattfindet, spielt es auch innerhalb der Traumwelt von Realität und Trennung. Und dann, wenn man glaubt, eine Lösung gefunden zu haben, kann man auch eine Religion gründen. Erleuchtung ist so eine neue Religion. Da gibt es „erleuchtete" Lehrer, die einem den Weg zur Erleuchtung weisen. Ihre Methoden heißen ins ‚Hier-und-Jetzt' kommen, Gewahrsein oder Meditation. Aber wie alle herkömmlichen Religionen vom Christentum über den Buddhismus bis hin zu Jogging und Vegetarismus basieren auch sie auf dem grundlegenden Missverständnis, dass da 'jemand' sei, der real in Zeit und Raum existiert und eine Wahl hätte.

F: Aber das gibt es doch seit Jahrtausenden?!

A: Ja, und seit Jahrtausenden hat es nirgendwo hingeführt (lacht). Es gibt viele Schriften, die auf DAS hinweisen, aber das schafft keine Religion. Diese Botschaft ist völlig unpersönlich und an niemanden gerichtet. Sie weist keinen Weg und gibt keine Anweisungen. Sie hat keine Absicht. Sie erkennt einfach niemanden! Religionen entstehen, wenn das scheinbare Ich versucht, diese Botschaft umzusetzen. Und das geschieht auch heute – natürlich nur scheinbar. Da wird gesagt, dass 'gut' und 'schlecht' nur in der künstlichen Realität des scheinbaren Ich stattfinden. Und dann versuchen viele, vor allem solche auf einem spirituellen Weg, weniger zu bewerten und das Leben mit mehr Gleichmut zu ertragen. Aber das ist Quatsch. Von da ab bewertet das scheinbare Ich, wie viel es noch bewertet oder wie viel das Gegenüber bewertet. Es kann einfach nicht aus seiner künstlichen Realität aussteigen. Es lebt nun mal in Zeit, in Raum, in ‚Gut' und ‚Böse', in Ursache und Wirkung. Aber es gibt einfach kein 'gut' und 'schlecht'. Punkt. Das muss nicht extra noch gemacht werden. Und kann eben auch nicht gemacht werden. Es gibt so viele Beispiele, wie das scheinbare Ich versucht, Das zu sein.

F: Für mich wurde es irgendwann sehr lebensfeindlich. Ich hatte nur noch dieses 'da ist nichts' im Ohr und habe mir überhaupt keinen Spaß mehr gegönnt, weil ich immer dachte, das ist es nicht.

A: Ja, das scheinbare Ich schnappt sich alles.

F: Was Du beschreibst, ist wirklich das Ende.

A: Ja, es ist das Ende von allem.

F: Wir hatten es vorher von den Religionen und den Millionen von Suchern, der ganzen spirituellen Industrie. Es hört sich manchmal so an, als ob das schlecht wäre.

A: Nein, überhaupt nicht. Das Erstaunliche ist, dass das Einheit ist! Es ist das, was ist. Hier ist nur der Hinweis – ohne Grund! - dass das innerhalb einer persönlichen Geschichte spielt. Allerdings sind da auch keine Menschen, die aus dem Traum aufwachen. Auch das geschieht nur scheinbar. Aber das ist nicht zu verstehen. Genauswenig wie das scheinbare Ich verstehen kann, dass da nur Einheit ist. Und wenn hier der scheinbare Unterschied zwischen 'Jemand-sein' und 'Niemand-sein' beschrieben wird, hört sich das für das scheinbare Ich sofort wie eine Wertung an. Denn das sucht ja Einheit beziehungsweise das, was es dafür hält. Aber es ist ja das scheinbare Ich selbst, das sich als getrennt wahrnimmt und überhaupt erst in scheinbarer Trennung lebt. 'Jemand-sein' und 'Niemand-sein' sind nur Erscheinungen, beide natürlich völlig unpersönlich. Also auch von niemandem gemacht oder erlebt.

F: Ah, jetzt verstehe ich ein bisschen ...

A: Oh je (lacht).

Ja, es gibt einfach keine getrennte Instanz, sondern nur, was erscheint.

A: Das scheinbare Ich spaltet sich quasi künstlich von dem ab, was einfach nur geschieht, nimmt wahr und beobachtet. Dadurch entsteht Trennung, scheinbare Trennung. Jetzt ist es nicht mehr eins, sondern scheinbar zwei. Aber es sind nur scheinbar zwei, denn es ist immer noch, was scheinbar geschieht. Außer für das, was sich da scheinbar abgespalten hat, denn das lebt jetzt in scheinbarer Trennung.

F: Und wenn ich das jetzt verstehe?

A: Dann bist Du jemand, der das versteht. Aber Du bist noch da, zumindest scheinbar.

F: Ja, so was dachte ich mir schon.

F: Eine Zeit lang dachte ich, dass es ungeheurer wichtig ist, wie ich bin, was ich mache und was ich denke. Als ich angefangen habe auf dem spirituellen Weg zu sein, hörte ich überall, dass ich mir mein Leben und Dinge anschauen müsse, um herauszufinden woran es hakt, was das Problem mit mir ist. Und dann ging es darum, Verhaltensmuster zu ändern, und Blockaden aufzulösen, usw. ...

A: Ja, so macht man das auf dem spirituellen Weg. Natürlich kannst Du das alles machen. Natürlich kann das alles geschehen, aber solange Du es so wahrnimmst, als ob Du es tust, bist Du eben scheinbar da. Keine von diesen Übungen führt Dich außerhalb der Wahrnehmung 'jemand' zu sein.

F: Dann könnte ich das ganze ja einfach sein lassen.

A: Naja, nicht wirklich. Denn da ist niemand, der die Wahl hat, was erscheint.

F: Es ist wirklich schrecklich.

A: Ja, das ist es (lacht).

A: Die Wahrnehmung 'jemand' zu sein geht Hand in Hand mit Unbefriedigtsein. Die Wahrnehmung, eben nicht alles zu sein, sondern nur ein Teil in einer Welt aus Teilen. Das scheinbare Ich erfasst die Realität von allem, aber nicht die Irrealität, und das scheint unbefriedigend zu sein. Damit beginnt die Suche. 'Ich' und 'Suche' sind eins. Keine Suche ohne Ich, kein Ich ohne Suche. Sobald 'scheinbar Ich' erscheint, ist leben in einer künstlichen Realität, ist scheinbare Trennung, ist unbefriedigt sein, ist Suche. All das gehört zusammen. Es gibt kein Ich, das nicht sucht. Und auch niemand, der aufhören könnte zu suchen. Erst wenn 'Ich' stirbt, ist die Suche zu Ende. Zum Glück muss da nichts sterben, denn es gibt ja kein Ich.

Das „Problem“ ist, dass das scheinbare Ich immer nur 'etwas' suchen kann, niemals aber Nicht-Etwas. Wenn hier gesagt wird, es ist das, was erscheint, dann schaut das scheinbare Ich in den Raum und versteht gar nichts. Es kann ES nicht finden. Eben weil es da ist, also das scheinbare Ich, und schaut. Ausschau hält nach Etwas. Ohne diese Energie von scheinbarer Trennung verschwindet die gesamte künstliche Realität, in der das scheinbare Ich lebt, und damit auch die komplette Subjekt-Objekt Wahrnehmung. Da ist dann einfach niemand mehr, der

Ausschau hält, niemand, der sich als getrennt wahrnimmt und deshalb Einheit sucht. Was zuvor nur real war, ist dann real und irreal, wird ganz, vollständig, ungeteilt. Es ist nicht die Suche, die endet. Es ist der/die SucherIn, der/die endet. Es ist erstaunlich.

F: Was würdest Du sagen. Bringen Einsichten etwas?

A: Die Frage stellt sich gar nicht. Wofür sollen sie etwas bringen? Da ist niemand, der Einsichten aufrechterhalten kann. „Ab morgen bin ich nur im ‚Hier und Jetzt'." Da passiert Einsicht, und dann glaubt das scheinbare Ich, dass es eine Einsicht hat und deshalb jetzt weiß, wie es geht. Aber da ist niemand. Niemand, der eine Wahl hat oder der das scheinbare Wissen aus dieser Einsicht aufrechterhalten oder umsetzen kann oder sonst irgendetwas. Da ist nur, was erscheint.

F: Andreas, Du sagst immer, dass es die Welt nicht gibt, und keine Zukunft und keine Vergangenheit. Heißt das, dass es dieses Jahr kein Weihnachten gibt?

A: Ja, das heißt es.

F: Schade (lacht).

A: Ja, das ist wirklich schade (lacht auch). Was erscheint kann auch erscheinen als 'hier sitzen und über Weihnachten reden'. Natürlich braucht es dazu weder ein Weihnachten noch ein Morgen. Eigentlich ist es viel schlimmer: Weihnachten hat es nie gegeben.
Was erscheint ist absolut Nicht-Etwas. Insofern gibt es einfach nichts als etwas. Und hat es nie gegeben.

F: Kann es sein, dass das ‚Ich' für einen Moment weg fällt, und dann zurück kommt?

A: Ja, das gibt es. Wird es bemerkt, könnte man es ein Erwachen nennen, aber oftmals wird es einfach nicht bemerkt.

Oft am Tag ist da einfach niemand. Diese Energie von Trennung ist nichts, was es wirklich gibt.

F: Kannst Du ein Beispiel nennen? Wenn man z.B. in Arbeit versunken ist?

A: Es hat nicht mit 'versunken sein' zu tun; ein scheinbares Ich kann auch mal in etwas versinken, abgelenkt oder zerstreut sein.

Meistens hat man keine Erinnerung an diese 'Momente'.

F: Also Du meinst, es sind Momente, in denen keine Erinnerung da ist.

A: Nein, da ist niemand. Nicht jemand, der keine Erinnerung hat. Übrigens würde ich das nicht ‚Momente' nennen; das ist aus der Sicht des scheinbaren Ich. Aber ja, da ist niemand, der aufzeichnet.

F: Keine Zeit?

A: Ja, das findet außerhalb von Zeit, außerhalb der Geschichte statt.

F: Also dann nimmt die Person das ja gar nicht wahr.

A: Ja, genau, weil da niemand ist.

F: Was ist denn das, was wirklich passiert? Also, wenn ich z.B. Streit habe, was ist das?

A: Das ist, was scheinbar passiert.

F: Und der Alltag, all diese Dinge. Ist das alles eine Illusion? Es existiert gar nicht?

A: Ja, es geht in die Richtung. Das Wort, das es am ehesten trifft ist Erscheinung. All das erscheint, soll heißen, es ist real und irreal.

Das hier ist alles, was es gibt. Was gerade passiert, könnte man beschreiben als: Da ist ein scheinbarer Raum, hier sitzen scheinbare Menschen, und gleichzeitig passiert Erinnerung an ein scheinbares Leben, in dem man wütend ist und einen Alltag hat.

F: Und hat das eine Bedeutung, dieses Scheinbare?

A: Nein.

F: Das hat keine Bedeutung?

A: Nein, es hat keine Bedeutung. Es ist einfach nur, passiert einfach nur. Hat keine Bedeutung. Keinen tieferen Sinn. Keine tiefere Ebene.

F: Ein Beispiel: Ich habe ein Problem, dann müsste ich mich ja scheinbar aufregen. Aber ich rege mich nicht auf und bin einfach da. Bin einfach damit da. Geht das in dem Sinn?

A: Also, da ist niemand, der mit irgendwas ist, aber absolute Einheit regt sich auch auf. Aufregung kann passieren.

F: Manchmal bin ich einfach und rege mich nicht auf.

A: Ja, okay.

F: Manchmal geht's und manchmal geht's nicht. Mal passiert es und manchmal passiert es nicht.

A: Ja, aber da ist keine Wahl, ob Du Dich aufregst oder nicht. Es ist nicht mal ‚Du', die sich aufregt, sondern das ist, was geschieht. Da geschieht ‚sich aufregen' und dann glaubt da noch jemand, dass er ist und dass er sich aufregt.

F: Okay.

A: Ich habe so ein bisschen rausgehört, als ob da trotzdem eine Bewertung drin wäre. Als ob sich aufregen schlechter wäre als sich nicht aufregen.

F: Ja, ich fühle mich nicht so gut dabei.

A: Sein oder Einheit ist alles, auch ‚sich aufregen'. Beides ist völlig gleichbedeutend. Es ist das scheinbare Ich, das damit in einer Geschichte lebt, die sagt, dass ‚sich aufregen' nicht sein soll. Dabei ist es einfach das, was geschieht, also Einheit. Das, was ganz ist.

F: Gibt es in diesem Bewusstsein von dem Du sprichst keine Entwicklung, keine Persönlichkeitsentwicklung, keine Erkenntnis, nichts?

A: Ja. Es können scheinbare Erkenntnisse passieren, aber sie passieren für niemand. Und führen auch nirgendwo hin. Sie sind einfach nur, was erscheint.

F: Auch weil keine Notwenigkeit da ist? Es ist ein bisschen schwierig zu verstehen für mich, weil es keine Richtung mehr hat.

A: Ja, es ist absolut richtungslos. Richtungslos und wild. Es gibt keine Regeln und keine Grenzen. Da ist immer nur Das.

F: Und ein freier Wille?

A: Gibt es nicht, nur scheinbar. Und trotzdem passiert leben so, dass ganz klar gesagt wird, „nein, das mag ich jetzt nicht“ oder „ich bin müde und gehe jetzt schlafen“. Aber da ist niemand, der das macht. Schlafen gehen passiert, sich Entscheiden passiert, Leben passiert.

F: Ist da keine Identifizierung mehr, mit dem, was passiert?

A: Ja, da ist keiner.

F: Also, da ist keine Identität.

A: Naja, da ist keine Identität. Oder vielleicht besser: Keine Entität. Scheinbare Identifikation mit was auch immer kann scheinbar passieren, aber das ist ... ... also ich kann mit dem Wort 'Identifikation' nicht viel anfangen; ich habe keine Ahnung, was es bedeutet.

F: Eigentlich spielt es auch keine Rolle.

A: Ja, nichts ist von Bedeutung. Was auch immer erscheint, es ist Das.

F: Weißt Du Andreas, es ist so unglaublich einfach.

A: Ja, es ist wunderbar.

F: Du sagst, dass es keinen Prozess gibt, aber trotzdem habe ich das Gefühl, dass ich mich verändere und weiterkomme.

A: Solange da eine Wahrnehmung von Trennung ist, und wenn sie auch sehr subtil ist, solange ist da die Wahrnehmung, auf einem Weg zu sein. Erst wenn die Wahrnehmung ‚jemand' zu sein aufhört, ist offensichtlich, dass es so etwas wie einen Weg nicht gibt und nie gegeben hat. Dass da nie ein Ich war, das auf dem Weg hätte sein können.

F: Ja, ich denke halt manchmal, dass ich eine Lösung finden muss, dass irgendwas passieren muss, damit ich da hinkommen kann.

A: Ja, genau. Aber für dieses scheinbare Wegfallen gibt es keine Bedingungen. Dieses scheinbare Ich glaubt immer, dass ‚etwas' passieren muss – so wie es auch jetzt wahrnimmt, dass ‚etwas' passiert. Selbst wenn es schon nicht mehr an Erleuchtung glaubt, so glaubt es doch, dass es wenigstens wegfallen sollte. Wenn schon nichts passiert, dann soll wenigstens ‚Ich' wegfallen. (lacht).
Da ist kein Ich, das wegfällt. Das Wegfallen ist eine Beschreibung von etwas, das in Wirklichkeit gar nicht existiert, sondern auch nur erscheint.

F: Das ist ja dann im Grunde das Einzige, was noch gesagt werden kann. Einheit erscheint manchmal so und manchmal eben so. Manchmal mit der Idee eines Ich und manchmal ohne Idee.

A. Ja, absolut. Genau. Und beides ist Einheit und geschieht unpersönlich. Obwohl das scheinbare Ich ja keine Idee ist, sondern ein Komplettpaket aus sich als ‚Ich' wahrnehmen, spüren, denken und fühlen.

F: Es ist schon seltsam, dass es jeder ein bisschen anders beschreibt. Als wenn es gar nicht das Gleiche wäre, was da passiert ist. Manche schreiben ja auch, dass sie unheimlichen Bliss erlebt haben. Als ob das irgendwie ganz wunderbar gewesen sei.

A: Ja, es scheint in jeder Geschichte anders zu sein. Auf eine Art kann man sich schon fast darauf verlassen, dass es so passiert, wie es noch nie passiert ist (lacht). Obwohl es völlig unpersönlich ist, scheint es eine höchst individuelle Sache zu sein (lacht noch mehr).

Da ist alles möglich. Von „Wow“ bis hin zu „überhaupt nicht bemerkt“. Von einem stunden-, tage-, jahrelangen schmerzhaften scheinbaren Prozess der Auslöschung, bis hin zu … „Von sofort bemerkt werden“, bis hin zu „gar nicht bemerken.“ Ich würde sagen, hier wird es auch jetzt nicht bemerkt. Manchmal scheint es ein Ereignis zu geben und manchmal nicht. Aber aus diesen Geschichten heraus kann auch eine Erwartung genährt werden, so wie: „Ah, irgendetwas muss doch passieren.“, weil es in einigen Geschichten mit einem scheinbaren Ereignis passiert ist oder als eine Folge von irgendetwas. „Da hat er diesen Satz gesagt und dann… Bumm!“ Und jetzt wollen alle diesen einen Satz hören. Jeder hängt an den Lippen des Meisters und hofft, dass der eine Satz fällt, der Satz, den man wirklich hören kann.

F: Im Prinzip ist es ja auch egal, was irgendwelche Leute geschrieben oder gesagt haben, nur meine Erfahrung ist so anders. Es ist einfach manchmal so eine Dramatik und es ist so unendlich schwer und es passt überhaupt nicht zusammen, wenn Du sagst, es ist überhaupt nicht bemerkt worden. Ich hingegen werde bei lebendigem Leibe gebraten. Und das jetzt schon über Jahre.

A: Naja, also wenn ich sage, es wurde nicht bemerkt, meine ich damit wirklich – und das ist eine Geschichte - dieses letzte, letztendliche Wegfallen. In der Geschichte von diesem scheinbaren Andreas gab es Zeiten, die sehr intensiv waren. Für viele Leute ist es wirklich eine Art Sterben. Zu diesem scheinbaren Sterben gehört, dass sich das scheinbare Ich nicht darauf berufen kann, wie z.B. „Jaja, das gehört alles zum Prozess.“ Das wäre dann eben nicht mehr das wirkliche

Sterben. Das Ganze kann sich sehr dramatisch anfühlen und innerhalb der Geschichte über Jahre gehen. Und für dieses scheinbare Ich gibt es im Prinzip keine Hoffnung auf ein Ende.

F: Das ist eigentlich das Einzige, was bleibt. Denn es nimmt sich ja wirklich alles und baut es in seine Geschichte ein. Wenn es hört, dass es sterben muss, was ja schon so ziemlich die härteste Botschaft ist, dann nimmt es sich das und glaubt, okay, wenn ich jetzt also sterbe, dann habe ich es. Es ist genau das Gleiche, wie wenn geglaubt wird, ich muss 10 Stunden am Tag meditieren. Kein Unterschied mehr. Es baut alles ein. Das Einzige was bleibt, ist, dass es das nicht in der Hand hat. Also aufgeben, na ja, also nicht aufgeben, also keine Chance, irgendwas zu tun, zu lassen, aufzugeben oder so.

A: Ja, das Gemeine ist, dass da nicht mal jemand ist, der sagen kann, „ich gebe jetzt auf.“.

F: Genau (lacht), genau, nicht mal das (lacht lauter). Ja, genau.

A: Für das scheinbare Ich ist es aussichtslos. Und das kann

auch als genau so dramatisch empfunden werden.

F: Dieses scheinbare Sterben geht ja auch damit einher, dass jegliche Orientierung, alle Werte verloren gehen. Auf einmal ist nichts wichtiger oder unwichtiger.

A: Ja, die ganze Vorstellung, wie die Welt abläuft. Wie ‚Ich' sein soll, was passieren soll. Selbst die Vorstellung darüber, was überhaupt passiert. Einfach weg. Da ist Nicht-Wissen – keine Ahnung haben - aber auch niemand da, der wissen will.
Es ist das scheinbare Ich, das die Welt erschafft. Nicht die Erscheinung, sondern die Interpretation davon. Und das ist auf eine Art die ganze Welt. Die ganzen Vorstellungen, Wertvorstellungen, die Geschichten, die persönliche Geschichte, all diese Wichtigkeiten.
All das kann in einem ‚Rumps' verschwinden. Es kann die ganze Zeit dran rumgenagt und rumgebohrt werden und plötzlich … ist alles einfach weg. Dieses scheinbare Sterben ist für das scheinbare Ich tendenziell schmerzhaft, denn es verliert

dabei alles. Sein Leben, die Realität und sich selbst. Und das kann eben schmerzhaft sein.

F: Kann, muss aber nicht?

A: Es besteht keine Pflicht zu leiden (lacht).

F: Es gibt manche, die setzen das voraus.

A: Ja, das war in dieser Story auch so. Wenn ich gelitten habe, wusste ich, dass ich auf dem richtigen Weg bin (lachen).

F: Naja, immerhin kennen viele Religionen so etwas wie die dunkle Nacht der Seele.

A: Ja, aber das sind Geschichten. Es gibt keine Bedingungen oder Voraussetzungen. Alles ist möglich. Es kann schwierig sein, muss aber nicht. Es kann auch schwierig sein, und dann einfach, oder umgekehrt.

F: Ich frage mich dann immer wieder, warum es diese Erscheinung überhaupt gibt. Ist es einfach nur zur Unterhaltung mit viel Dramatik? Im Film ist es ja auch langweilig ohne Dramatik. Oder muss da irgendwas realisieren oder verstehen oder muss es einen Gegensatz zu diesem unendlichen Nichts geben?

A: Es gibt keinen Grund dafür. Was erscheint, braucht keinen Grund, um zu sein.

F: Ja, aber dann könnte man auch die Welt beenden.

A: Du meinst, weil sie keinen Sinn hat?

F: Aber wer hat sie dann erschaffen?

A: Niemand. Da ist keine Welt, die irgendwann erschaffen wurde. Es gibt nur Das. Und das ist Urknall. Das ist Erschaffen. Aber das macht niemand. Es ist einfach da. Dieses Nicht-Etwas, dieses Nicht-Objekthafte – was hier manchmal Einheit genannt wird – das ist es. Und da gibt es keine

Veränderung. Kein Ablauf in Zeit, kein Prozess, kein für oder wegen irgendetwas. Es kommt nirgendwo her und geht nirgendwo hin.
ES ist einfach. Aber wovon wir reden, ist nur das, was erscheint. Was ist und nicht ist. Das ist es. Das ist das Formlose. Was erscheint, ist das Formlose in Form.

F: Woher weiß ich, dass Du recht hast?

A: Das kannst Du nicht wissen.

F: Heißt das, ich soll Dir glauben?

A: Nein, Du kannst es zwar versuchen, aber das würde nichts bringen. Das hier hat nichts mit Glauben oder mit Wissen zu tun.

F: Dann kann ich nie wissen, ob Du recht hast?

A: Nein, dazu müsstest Du sterben. (lacht). Wovon hier gesprochen wird, ist jenseits. Jenseits von Wissen und Jenseits von Wahrheit. Das scheinbare Ich kann nie wissen, ob das stimmt oder nicht. Was hier gesagt wird, sind keine Wahrheiten, die man sammeln kann.
Aus der Sicht des scheinbaren Ich beginnt hier das Unbekannte. Die Welt des scheinbaren Ich endet und etwas scheinbar Neues beginnt. Es wird immer das Unbekannte bleiben.

F: Eigentlich ist es total frustrierend. Man kann da nicht hin, aber alles was man hier sagt, denkt oder tut ist nur scheinbar. Man kriegt keine Antworten.

A: Ja, absolut. Für das scheinbare Ich ist es frustrierend. Es ist, wie wenn jemand ‚Hilfe' ruft und keine Antwort bekommt.

F: Das raffinierte, spirituelle Ich könnte natürlich sagen, ich bin schon so weit, dass ich da sitzen und es aushalten kann, wo nichts mehr angeboten wird. So weit bin ich schon.

A: Ja, das könnte es. (lacht). Für das scheinbare Ich ist es unerträglich. Aber interessanterweise wird in den seltensten Fällen aufgestanden und gegangen. Weil da niemand ist, der die Wahl hat. Und weil diese scheinbare Unerträglichkeit das ist, was gesucht wird. Es ist Einheit.

F: Du sprichst ab und zu von einem Leben in Nicht-Wissen. Kann sich das scheinbare Ich das irgendwie vorstellen?

A: Nein, eigentlich nicht. Für etwas, das ständig in Wissen lebt, ist das unvorstellbar.

F: Aber irgendwie kann man doch nachvollziehen, dass niemand genau weiß, was z.B. am nächsten Tag passiert, oder sogar was fünf Minuten später passiert.

A: Ja, das ist schon klar. Aber dieses Nicht-Wissen könnte man auch übersetzen als 'nicht in einer Geschichte leben', und das ist für das scheinbare Ich nicht vorstellbar. Nehmen wir einfach den Stuhl hier. Man könnte sagen, da ist Einheit, die als Stuhl erscheint. Das scheinbare Ich lebt allerdings mit einer Geschichte dazu, die sich 'Stuhl' nennt. Es nimmt den Stuhl als getrenntes Objekt wahr, das wirklich in Zeit und Raum existiert, eine Aufgabe hat, usw.. Es sieht den Stuhl nicht wie er ist, sondern lebt damit in einer Geschichte namens 'Stuhl'. Es glaubt den 'Stuhl' zu kennen.

Doch genau so wird eben das, was der Stuhl ist, nämlich Einheit, die als Stuhl erscheint, nicht erfasst. Dieses scheinbare Kennen von Stuhl erfasst nicht dessen Essenz, bzw. erfasst nicht, dass der Stuhl, wie alles andere auch, reine Essenz ist. Das scheinbare Ich kann es einfach nicht erfassen.

Ohne Ich zu sein, ist Leben in Nicht-Wissen, im Nicht-Kennen von dem, was erscheint. Es ist das Ende der Wahrnehmung eines eigenen Seins und das Ende vom Leben in einer Traumwelt aus Realität und Trennung.

F: Das hört sich aber sehr extrem an.

A: Ja, ich weiß. Für das scheinbare Ich hört sich das sehr

mystisch an. Vielleicht auch extrem oder abstrakt. Es kann damit einfach nichts anfangen. Aber: Wovon hier gesprochen wird, ist sehr natürlich. Es ist nichts Außergewöhnliches. Jeder kennt das auf eine Art und weiß, wovon hier gesprochen wird. Es ist nicht abstrakt, sondern das Einzige was ist.

F: Du sagst oft, dass es keine Ursache und Wirkung gibt, aber Du warst doch auch lange auf einem spirituellen Weg. Waren nicht alle, oder zumindest sehr viele, die ihr Ich verloren haben, auf so einem Weg?

A: Es gibt dafür keine Bedingungen. Das ist eine Geschichte. Ursache und Wirkung gehören zur künstlichen Realität des scheinbaren Ich. Aber das Spannende ist, dass Einheit trotzdem so erscheinen kann, dass viele auf einem spirituellen Weg waren. Für mich ist das kein Widerspruch. Einheit erscheint nun mal so wie sie erscheint. Und nicht anders. An Deinem spirituellen Weg ist nichts Schlechtes. Scheinbar ich hatte auch einen spirituellen Weg, aber er hat mich nicht hierher geführt.

Die Wahrnehmung, auf einem Weg zu sein, kommt aus der Wahrnehmung von Trennung, ebenso die Wahrnehmung von Ursache und Wirkung.

F: Wenn ich mich also zu Meditation hingezogen fühle...

A: ... ist das, was scheinbar passiert. Das ist es bereits, auch während Du vielleicht glaubst, jemand zu sein, der meditiert und damit Quality-Time hat und der seinem Ziel, ein entspannterer, bewussterer und aufmerksamerer Mensch zu werden, damit ein bisschen näher kommt.

F: Okay, Meditation geschieht, und alles Drumherum ist eine Geschichte.

A: Ja, so könnte man das sagen. Aber natürlich ist das 'mit Meditation in einer persönlichen Geschichte leben' auch, was geschieht.
Für viele ist dieses Ursache-Wirkungs-Ding wirklich etwas Schwieriges, denn solange man in der Subjekt-Objekt-Welt lebt, sieht man auch Ursache und Wirkung. Wenn dann gesagt wird, Ursache und Wirkung gibt es nicht, glaubt das scheinbare

Ich meist immer noch an verschiedene Objekte oder Abläufe in Zeit. Dann ist das Bild, das das scheinbare Ich bekommt, sehr abwegig und verwirrend. Fällt allerdings die ganze Subjekt-Objekt-Welt, die ganze künstliche Realität des scheinbaren Ich zusammen, kann es auch keine Ursache und keine Wirkung geben. Das ganze 'wenn-dann' Spielchen hört auf.

F: Aber, wenn Du jetzt Kopfschmerzen hast, eine Tablette nimmst und die Kopfschmerzen verschwinden. Gibt es da keinen Zusammenhang?

A: Ja, das ist ja das Faszinierende. Dass es eben genau so geschieht, wie es geschieht. Einheit kann wunderbar als Kopfschmerz, als Tablettennehmen und als Verschwinden des Kopfschmerzes erscheinen, ohne dass es 'Etwas' ist. Das scheinbare Ich denkt, dass, wenn es keine Ursache und Wirkung gibt, alles anders erscheinen müsste. Das Kopfschmerzen eben nicht verschwinden dürften. Aber so ist es nicht. Was erscheint, erscheint eben trotzdem genau so. Als eine scheinbare Welt, in der es so aussieht, als gäbe es Ursache und Wirkung.

F: Und die Naturgesetze?

A: Mit denen ist es genau so. Es gibt sie nicht als Wirklichkeit. Es würde mich nicht wundern, wenn ich eines Tages auf dem Stuhl durch das Fenster wegfliegen würde. Naja, vielleicht ein bisschen ... (lacht).

A: Was erscheint, kann als alles erscheinen. Aber da ist nur, was erscheint. Und das erscheint eben so, wie es erscheint. Es gibt es keine anderen Möglichkeiten. Was erscheint kann als totales Chaos erscheinen oder als völlige Ordnung. Als wirres Durcheinander oder scheinbar klare, logische Abfolgen. Ja, als alles, aber auch nur als das, was erscheint.

F: Andreas, ich habe keine Fragen, weil ich mir die meisten Antworten auch selber geben kann und trotzdem komme ich hierher mit dem Wissen, dass es nichts zu holen gibt.

A: Ja, stimmt. Hier gibt es nichts zu holen.

F: Aber es ist doch erstaunlich, dass ich gekommen bin.

A: Ja, aber niemand ist gekommen.

F: Wie meinst Du das?

A: Das scheinbare Ich würde sich niemals hierfür entscheiden. Zu hören, dass es nicht existiert, ist das Schlimmste, was ihm passieren kann. Und überhaupt, hier geschieht im wahrsten Sinne des Wortes nichts. Das ist für das scheinbare Ich unerträglich.

F: Ja, das stimmt. Und trotzdem ist es auch irgendwie angenehm ...

A: Ja, das ist es. Es ist nichts und gleichzeitig alles! Absolut rund und vollkommen. Das ist die Süße. 'Angenehm' stimmt wahrscheinlich nicht ganz ...

F: Ja, aber irgendwie ...

A: Lebendig, eins, 100%. 100% von was auch immer. 100% DAS.

F: Andreas, Du sprichst gar nicht von der inneren Stimme. Ich versuche seit einiger Zeit nicht mehr so sehr auf den Verstand zu hören und mehr auf meine innere Stimme.

A: Okay, und was würdest Du sagen, ist Deine innere Stimme?

F: Ich weiß es nicht genau. Vielleicht so etwas wie mein Gewissen oder die Stimme meiner Seele.

A: Vielleicht sogar das höhere Selbst ... ?

F: Ja, vielleicht. Irgendeine Instanz eben ...

A: Ja, irgendeine Instanz eben.

F: .Oh ...

A: Ja, das scheinbare Ich spaltet sich selbst auf und spielt 'gut' gegen 'böse'. Das niedere Selbst – der Verstand – gegen das höhere Selbst. Das ist Krieg, meine Liebe. Das scheinbare Ich führt Zwiegespräche mit sich selbst.

F: Okay, aber auf irgendwas muss man doch hören. Worauf hörst Du denn? Hörst Du manchmal in Dich hinein?

A: Ja, manchmal probiere ich es. Und dann stelle ich fest, dass da nichts ist (lacht). Ich höre auf nichts. Es gibt keine Instanzen und keine Autoritäten. Ich höre auf niemanden.

F: Und wie triffst Du Entscheidungen?

A: Gar nicht. 'Entscheidungen treffen' passiert. Aber da ist niemand. Bis etwas geschieht, habe ich keine Ahnung, was geschehen wird. Und selbst wenn es dann geschieht, weiß ich immer noch nicht, was geschieht. Na gut, da geschieht Nicht-

Etwas. Aber das muss man nicht wissen, das ist offensichtlich.

F: Du triffst also keine Entscheidungen?

A: Nein, natürlich nicht. Wer sollte sie treffen?

F: Aber dann kann ja alles passieren.

A: Ja und nein. Ja, alles kann passieren. Nein, es passiert nur das, was passiert.

F: Gibt es dann gar keine Kontrolle?

A: Nein, es gibt keine Kontrolle. Und es gab sie noch nie. Was erscheint, ist vollkommene Freiheit. Wild und unkontrolliert. Es kann alles sein und niemand juckt's.

F: Und die ganzen Entscheidungshilfen? Ideen, Moral, Leitbilder?

A: Die kannst Du alle in die Tonne klopfen. Wovon hier gesprochen wird, ist das Ende von Moral und Autoritäten. Das sind alles Geschichten. Ich weiß, an jeder Ecke steht jemand, der einem erklärt, wie das Leben funktioniert. Jeder hat eine Meinung zu allem. Aber das ist Quatsch. Kein 'gut' und 'schlecht', 'richtig' und 'falsch', sondern nur, was erscheint.

F: Langsam bekomme ich einen Geschmack von Freiheit.

A: Ja, Freiheit ist bereits. Sie ist das, was erscheint. Und das ist grenzenlos.

F: Unglaublich.

F: Ist denn alles, was passiert, vorherbestimmt?

A: Naja, manche sagen das so, aber im Prinzip ist 'vorherbestimmt' eine Geschichte, denn es setzt Zeit voraus. Als ob ein Geschehen abläuft, so wie ein Film zum Beispiel. Aber es gibt kein Geschehen, genausowenig wie es einen Film gibt. Von was hier gesprochen wird, ist zeitlos. Es hat weder mit Vorbestimmung noch mit Zufall oder Schicksal zu tun. Es ist, was erscheint und das ist außerhalb von Zeit. Es ist total wild und lebendig. Immer frisch, irgendwie spontan. Aber es gibt keinen Ablauf. Da ist nix vorbestimmt und gleichzeitig erscheint eben nur das, was erscheint. Da ist alles möglich, aber es gibt keine andere Möglichkeit.

F: Ich bin Reinkarnationstherapeutin und jetzt etwas verwirrt. Wie bekomme ich das mit dem, was Du sagst, zusammen?

A: Das ist schwierig (lacht). Im Prinzip gar nicht. 'Reinkarnation' ist eine Geschichte, die der Wahrnehmung von Trennung entspringt. Erstens bräuchte es jemand, der wirklich lebt und zweitens spielt es in Zeit. Nur dass die Vergangenheit und die Zukunft ins Endlose ausgedehnt werden können. Diese Vorstellung ist eine Erleichterung für das scheinbare Ich. Probleme und deren Ursachen können bis weit über die Kindheit und die Geburt hinaus gesucht, gefunden und bearbeitet werden; die Hoffnung kann endlos in die Zukunft wandern, letztendlich mit dem Ziel, unendlich lange weiter zu leben.

F: Aber wie erklärst Du Dir dann die vielen Menschen, die Einblicke in frühere Leben hatten?

A: Ich selbst hatte Einblicke in scheinbare frühere Leben; auch im Rahmen einer Rückführungstherapie, aber das ist einfach, was erscheint. Was erscheint, kann als alles erscheinen, also auch als ein scheinbarer Rückblick in eine scheinbare Vergangenheit. Es ist ganz ähnlich wie mit Erinnerungen. Damit Einheit als Erinnerung erscheinen kann, bedarf es keiner Vergangenheit. Da kann einfach scheinbare Erinnerung sein.

F: Dann könnte man doch auch sagen, dass 'Reinkarnation' scheinbar existiert.

A: Jein, denn 'Reinkarnation' ist ein Konzept, eine Vorstellung. Wenn ich sagen würde, dass es das scheinbar gibt, würde es dem, aus meiner Sicht, zu viel Realität einräumen. Wenn ich schaue, ist offensichtlich, dass da niemand ist, der lebt, sterben wird und deshalb reinkarnieren könnte, genauso wenig wie es eine Vergangenheit und eine Zukunft gibt.

F: Kannst Du bitte etwas zu diesem scheinbaren Prozess des Erwachens sagen?

A: Es gibt ihn nicht. Es gibt keinen Prozess.

F: Auch nicht scheinbar?

A: Nur aus der Sicht von diesem scheinbaren Ich, das sich in einem Prozess wähnt. Aber anstatt vorwärts zu gehen, könnte man eher sagen, es dreht sich im Kreis. Wenn scheinbare Trennung auftaucht, ist da die Wahrnehmung von Zeit, einem Weg, einem Ziel. Ich glaube, mir passiert so ziemlich das Gleiche, wie es das schon immer tat. Alles zeigt sich wie immer. Aber eben völlig ohne die Wahrnehmung eines Weges. Ohne Einordnung in 'gut' und 'schlecht', in 'wie weit ich schon gediehen bin'. Das ist alles einfach weg. Wo sollte es schon hingehen?

F: Aber geht es denn nicht vorwärts? Ich habe den Eindruck, dass ich dem immer näher komme.

A: Ja, das ist Dein Eindruck. Aber ich sehe niemanden, der DEM fern wäre und ihm deshalb näher kommen kann.
Das ist eben die künstliche Realität des scheinbaren Ich, und mag scheinbare Trennung auch noch so subtil erscheinen, die Wahrnehmung, jemand auf einem Weg zu sein, bleibt bis zum Schluss. Aber so etwas wie einen Weg oder ein Ziel gibt es nur in der scheinbaren Realität des Ich. Solange Du da bist, scheinbar, lebst Du auch in der Wahrnehmung entweder vorwärts zu kommen oder Rückschritte zu machen. Es ist wirklich erstaunlich: Ohne dieses scheinbare Ich geschieht einfach, was geschieht, aber es geht nirgendwo hin. Muss es auch gar nicht. Nichts ist besser oder schlechter, aber alles ist DAS.

F: Manche sagen, dass nach der Befreiung auch ständig an sich gearbeitet werden muss.

A: Ich habe keine Ahnung, was die meinen. Bei mir hat die

Arbeit aufgehört.

F: Und musst Du nicht etwas tun, um Dir dessen bewusst zu bleiben?

A: Ich bin mir dessen nicht bewusst! Das ist einfach nicht der Fall, sonst wäre da jemand, der sich dessen bewusst ist – da ist aber niemand.

F: Und musst Du nicht aufpassen, dass Du zurückkommst.

A: Wer sollte denn zurückkommen? Da ist niemand. Das Erstaunliche an diesem scheinbaren Ende des scheinbaren Ich ist, dass gesehen wird – von niemand – dass nie jemand existiert hat. Da ist niemand gegangen, also kann auch niemand wieder kommen. Diese ganze Vorstellung von einem Ich, das verschwinden muss, ist eine Geschichte. Da ist niemand.
Es kann sein, dass manche nach einem Erwachen in einem scheinbaren Wechsel aus Sein und Nicht-Sein sind. Die haben den Eindruck, dass sie, wenn sie gerade sind, an ihrer Bewusstheit arbeiten müssen. Aber siehst Du, das ist höchst dual und hat mit dem hier nichts zu tun.

F: Ich habe jetzt schon sehr viele spirituelle Bücher gelesen.

A: Warum denn das?

F: Vielleicht um eine Antwort zu finden.

A: Ja, da ist aber keine.

F: Bei mir ist immer so viel Leid. Wut und Traurigkeit. Und ich wünschte, ich wäre damit nicht mehr so identifiziert.

A: Okay. Was Du beschreibst, ist ES. Das ist es.

F: Ja, aber ich will lieber nicht identifiziert sein.

A: Ja, das ist, was Du suchst.

F: Hmm. Das verstehe ich nicht.

A: Ja, ‚Ich' sucht etwas Anderes. Nämlich nicht identifiziert zu sein und nicht das, was erscheint. Aber das grundlegende Dilemma ist, dass dieses ‚Ich' eben etwas sucht. Selbst wenn es dann im ‚Hier und Jetzt' sucht, sucht es etwas.

F: Bist Du manchmal noch identifiziert?

A: Ich muss zugeben, dass ich keine Ahnung habe, was damit gemeint ist. Da ist einfach nur, was erscheint. Wenn da scheinbar an etwas festhalten ist, dann ist eben das. Ich glaube, dass das scheinbare Ich Intensität als 'identifiziert sein' bezeichnet. Meistens sind da einfach nur starke Gefühle, während das scheinbare Ich lieber cool sein und über den Dingen stehen will. Das würde es dann als 'nicht identifiziert' bezeichnen. Identifikation ist eine Geschichte. Ohne Ich ist da niemand, der in das, was scheinbar passiert, einschreitet. Aber was da auch immer erscheint, ist nun mal das, was erscheint, also Einheit. Da bringe ich kein 'identifiziert' und 'nicht-identifiziert' unter.

F: Kannst Du mir Gott zeigen?

A: Nein, das kann ich nicht – und dann wiederum könnte ich sagen, dass alles, was Du siehst, riechst, schmeckst, denkst, fühlst, bist und erfährst, Gott ist. Einschließlich Dir. Aber gerade weil Du bist, ist das für Dich nicht so.

F: Okay, aber ...

A: Da ist kein Aber.

F: Ja okay, aber sagst Du nicht manchmal auch 'da ist kein Gott'?

A: Ja, natürlich ist da kein Gott, sondern nur, was erscheint. Das nenne ich manchmal Gott, ein bisschen augenzwinkernd vielleicht. Manchmal nenne ich es auch Einheit oder Das. Ich glaube, dass es manche auch Bewusstsein nennen (lacht). Aber es ist Nicht-Etwas, das als alles erscheint. Man könnte auch sagen, da ist nur Energie oder absolute Liebe.

F: Wieso sagst Du immer 'nur'? 'Da ist nur Energie'?

A: Weil es nichts Bestimmtes ist. Was erscheint, ist nicht Dies oder Das; es ist nichts Bestimmtes. Es ist einfach nur alles.

F: Was ist denn nun mit Methoden? Ist es nicht so, dass das Leben dadurch scheinbar besser wird.

A: Ja, scheinbar. Natürlich können sich innerhalb der Geschichte Dinge verändern. Die Sache ist nur, dass das scheinbare Ich mit allem in einer Geschichte lebt. Passiert da Heilung oder Veränderung, glaubt das scheinbare Ich, dass es das getan hätte oder dass es sich verändert hätte. Tatsächlich verändert sich niemals etwas, denn das Einzige, was ist, ist Nicht-Etwas.

F: Ja, okay, aber scheinbar eben doch.

A: Ja, aber Vorsicht: Es hat keine Bedeutung. Dieses 'scheinbar' ist aus der Sicht des scheinbaren Ich, das in Zeit lebt. Für das sind Veränderungen sehr wichtig, denn es will ja irgendwo hin gelangen. Es bemerkt nicht, dass es sich permanent im Kreis dreht. Ich kenne Menschen, die seit vielen Jahren an sich arbeiten; und aus meiner Sicht hat sich im Prinzip nicht viel verändert. Sie kommen so gut und so schlecht durchs Leben, wie immer. Dinge werden offensichtlich, wenn sie offensichtlich werden, oder eben nicht. Natürlich nur scheinbar. Aber die Wahrnehmung, Jemand zu sein, die lebt dabei richtig auf, erzählt Geschichten von seinen Erleb- und Erkenntnissen, dem Fortschritt und dem Versagen. Alles hat eine unglaubliche Bedeutung. Und das Faszinierende ist, dass das scheinbare Ich es wirklich so wahrnimmt. Als gehe es irgendwo hin. Das ist echt toll.

F: Ja, irgendwie kann ich das auch sehen ...

A: Ja, es ist offensichtlich.

A: Es scheint so zu sein, dass, je mehr das scheinbare Ich scheinbar tut, sich die Wahrnehmung, Jemand zu sein, verstärkt. Oder zumindest aufrechterhält.

F: Aber das ist jetzt doch eine Geschichte, oder? Da ist doch nichts, das scheinbare Trennung aufrechterhält.

A: Ja, das ist die Geschichte von scheinbarer Trennung. Je mehr das scheinbare Ich glaubt, dass es eine Wahl hat und scheinbar Entscheidungen trifft, desto mehr glaubt es, dass deren Resultat sein Verdienst ist. Wird zum Beispiel meditiert und danach ein paar Minuten Stille bzw. Abwesenheit von Gedanken erfahren, bekommt das scheinbare Ich den Eindruck, es habe es bewirkt. Dadurch verstärkt sich der Eindruck, zu sein. Dann fängt es an zu denken: „Gut, mit einer Stunde Meditation habe ich fünf Minuten Stille erreicht. Ab jetzt versuche ich täglich zwei Stunden zu meditieren, vielleicht bin ich dann morgen 10 Minuten ohne Gedanken. Und dann, wenn ich dann immer in Meditation bin ... habe ich es geschafft.“ Natürlich schafft das niemand, denn da ist niemand. Diese ganzen Techniken scheinen eine Weile zu funktionieren, aber meistens hält das scheinbare Ergebnis nicht lange an. Ganz abgesehen davon, dass von vornherein übersehen wird, dass Einheit das ist, was ist, und nicht eine Erfahrung von Stille oder Abwesenheit von Gedanken. Das ist ja schon ein Missverständnis.

F: Wie meinst Du das? Geht es nicht darum, aus den Gedanken raus zu kommen? Oder nichts mehr zu denken? Ich versuche seit Jahren, weniger zu denken.

A: Oh je, Du Armer. Wie läuft es denn?

F: Naja, geht so. (lacht)

A: Auch hier wieder: Es ist das scheinbare Ich, das versucht, Einheit umzusetzen. Ja, ohne Ich findet viel von diesem 'in Geschichten denken' nicht statt, aber sich viele Gedanken zu machen ist eher ein Symptom und nicht die Ursache von scheinbarer Trennung. Gedanken an sich sind kein Problem. Hier sind ziemlich oft welche, und sie stören nicht. Wen denn auch? Zu sagen, das Denken sei an allem schuld, trifft es für mich nicht wirklich. Es ist eine weitere Geschichte.

F: Seit ich begriffen habe, worum es hier geht, habe ich immer wieder Angst- und Panikzustände. Ich habe wirklich Angst zu sterben.

A: Ja, das kann so sein. Für das scheinbare Ich geht es hierbei um alles. Dementsprechend heftig können auch die scheinbaren Reaktionen sein.

F: Muss das denn so sein?

A: Nein, überhaupt nicht. Allerdings scheint es vielen so zu gehen, dass sie eine sehr intensive Zeit damit haben und eine Art Todeskampf geschieht. Aber es kann auch ziemlich leicht und ohne große Intensität vonstatten gehen. Man muss dafür nicht durch die Hölle gehen. Obwohl ich auch intensive Zeiten hatte, war es bei mir, glaube ich, eher entspannt. Aber es hat auch eine ganze Weile gedauert.

F: Also hier ist es alles andere als leicht.

A: Ja, wie gesagt, es kann ziemlich heftig sein. Nach einem Erwachen kann eine Zeit sein, in der sich 'scheinbar Sein' und

'Nicht-Sein' abwechseln. Für das scheinbare Ich kann es in dieser Zeit so aussehen, als ob sich alles auflöst. Das kann irritierend sein, schmerzhaft, Angst machen, usw.. Es ist dann wirklich eine Art Tod. Ich würde sagen, dass es ab da eigentlich erst spannend wird. Aber wie gesagt, das ist ein Kann und kein Muss. Es kann durchaus auch ziemlich einfach und unproblematisch sein. Das scheinbare Ich kann auch einfach so aufhören, zu sein. Scheinbar.

F: Ja, Leiden kann auch Selbstzweck sein.

A: Ja. Für mich war 'zu leiden' immer ein Zeichen, auf dem richtigen, spirituellen Weg zu sein. Darin konnte ich mich so richtig suhlen. 'Als aufrechter spiritueller Sucher musst Du durch die Hölle gehen', war meine Devise. Je intensiver, desto größer waren meine Aussichten auf den Erfolg. Immer auf der Suche nach einem Problem, dass es anscheinend noch zu bearbeiten gibt (lacht). Da wird es dann wirklich zum Selbstzweck.

F: Okay, aber wie komme ich da raus?

A: Woraus?

F: Na, aus diesem Leiden?

A: Du wirst da nicht rauskommen. Dazu müsstest Du sterben, und obwohl es einfach ist, kannst Du es nicht tun. Denn da ist niemand, der sterben könnte.

F: Du bist echt überhaupt keine Hilfe.

A: Ja, ich weiß. Aber da wird auch keine Hilfe benötigt. Es geht nirgendwo hin.

F: Aber, ich will endlich ... irgendwas.

A: Ja, aber hier ist niemand. Es ist Nicht-Etwas, das alles macht. Nicht-Etwas ist der Killer.

F: Weißt Du, neulich ist mir aufgefallen, dass es das Ganze ja wirklich nicht gibt. Es gibt wirklich keine Vergangenheit und keine Zukunft. Und dass ich eigentlich keine Ahnung habe. Wenn Du also sagst, „Da ist nur, was erscheint", hast Du damit vollkommen Recht. Es ist wirklich das Einzige, was gesagt werden kann. Und es ist so einfach.

A: Ja, es ist völlig einfach. Und so offensichtlich. Das scheinbare Ich möchte „Da ist nur, was erscheint" verstehen, aber was bitte gibt es denn daran zu verstehen? Gibt es denn noch etwas Anderes?

F: Wenn da niemand mehr ist, sitzt Du dann den ganzen Tag zuhause herum und machst nichts? Irgendwie habe ich Angst davor, dass ich mein Leben nicht mehr auf die Reihe kriege, wenn ich nicht mehr bin.

A: Ja, das scheinbare Ich glaubt, es würde alles machen. Und dass mit seiner Abwesenheit alles zusammen brechen würde. Nichts von dem ist wahr. Leben funktioniert wunderbar ohne 'Ich'. Es ist bereits so. 'Ich' hat nie etwas getan. Es gab nie ein 'Ich'. Es ist eine der größten Überraschungen zu sehen, dass morgens zum Kühlschrank gegangen wird; Brote werden geschmiert, Zähne geputzt. Für all das wird niemand benötigt. Es ist die Illusion, des scheinbaren Ich, dass es lebt, Entscheidungen trifft und diese befolgt. Dabei macht es gar nichts.

F: Wenn die ganzen Übungen, das Blockaden auflösen, nichts bringen, dann kann ich das ja auch lassen, oder?

A: Nein, kannst Du nicht. Denn da ist niemand, der etwas tun oder lassen könnte, sondern nur, was erscheint.
Das scheinbare Ich hört oft, dass es nichts tun kann und sagt dann mit resignierender Stimme: „Ich kann ja gar nichts tun.“ Und dann kommen auch Fragen wie „Wie soll ich mein Leben

auf die Reihe bekommen? Da kann man ja morgens gleich liegen bleiben!'. Das ist aber nicht das, was gesagt wird. Wenngleich auch das Einheit ist, die als Missverstehen erscheint. Offensichtlich ist: Es ist niemand da, der etwas tun kann, aber es ist auch niemand da, der etwas lassen kann. Und das ist bereits so!

F: Es ist wirklich hoffnungslos.

A: Ja, genau darin liegt die Schönheit.

A: Was ist, kann nicht gekannt werden. Und doch ist es. Es ist voll, lebendig, ungeteilt, ein flimmerndes Unbeschreibbar. Es ist, aber niemand hat es.

F: Aber Du hast es doch.

A: Nein, ich habe es nicht. Hier ist niemand. Hier ist auch niemand, der abends glücklicher ins Bett geht, weil er 'DAS' hat. Auch hier ist einfach nur, was erscheint. Und das kann alles sein. Das scheinbare Ich stellt sich vor, dass es Erleuchtung in einer persönlichen Schatztruhe haben kann und immer, wenn ihm etwas scheinbar Doofes passiert, einfach reinschauen und aufatmen kann: „Puuh, es ist alles Einheit." Aber so läuft es nicht. 'Ich' wird es nie haben. Niemand hat es jemals gehabt. Es ist, was erscheint; es ist direkt vor Deiner Nase, aber es gibt keine Instanz, die hat oder weiß.

F: Wenn man Dir zuhört, bleibt wirklich gar nichts übrig. Bis jetzt habe ich immer an diesen tiefen, einsichtsvollen Momenten gehangen, in denen sich alles sehr heilig anfühlt. Aber jetzt, jetzt ist es wie Völlig-in-der-Luft-hängen.

A: Ja, auf eine Art hängt alles in der Luft. Da ist kein Zentrum, kein Bezugspunkt, keine Instanz, an der sich 'die Dinge' orientieren. Da ist einfach nur, was erscheint. Selbst die tiefsten, authentischsten Erfahrungen sind einfach nur, was erscheint und haben keine Bedeutung. Man könnte auch sagen, dass Leben ohne Ich wie Leben im freien Fall ist. Keine Instanz, die erlebt, erfährt, kennt und begutachtet. Es ist sehr wild und völlig jenseits von Verstehen, Verarbeiten, Heilen und Integrieren.

F: Aber was ist denn dann mit diesen Momenten? Du weißt schon, sie fühlen sich sehr bedeutend und wichtig an. Auf eine Art auch sehr stimmig.

A: Ja, das ist eben, was erscheint. Aber bedeutend fühlt es sich vor allem für das scheinbare Ich an, das den Dingen eine Bedeutung gibt. Einsichten spielen da eben eine große Rolle, denn sie sind ein Zeichen dafür, dass man weiter kommt.

F: Was ist mit Karma?

A: Vergiss' es. Karma ist eine Geschichte, die versucht, die Welt zu erklären. Aber es ist eine Geschichte und kommt aus der Wahrnehmung von Trennung. 'Ursache und Wirkung' ist ein

Ablauf in Zeit. Erst das, dann das. Was erscheint, erscheint außerhalb von Zeit und kennt keine Abläufe. Es ist einfach nur. So wie es eben ist.

F: Aber es könnte doch sein, oder?

A: Was?

F: Na, dass es Ursache und Wirkung gibt.

A: Ohne Ich ist offensichtlich, dass es so etwas nicht gibt. Ursache und Wirkung gehören zur Traumwelt. Sie sind Teil der aufgesetzten, künstlichen Realität des scheinbaren Ich.

F: Ja, okay, aber als Erscheinung gibt es das doch.

A: Ja, aber eine Erscheinung ist halt nicht real. Kann man etwas Schokolade nennen, wenn es zwar aussieht wie Schokolade, vielleicht auch so riecht und schmeckt, aber keine ist. Ist es dann Schokolade?

F: Hmm, weiß ich nicht. Wohl eher nicht.

A: Ja, genauso wenig gibt es Ursache und Wirkung.

F: Und wie war das mit Karma, also der Geschichte, die die Welt erklärt?

A: Das scheinbare Ich lebt in der Wahrnehmung von Ursache und Wirkung. Und weil es sich viel von dem, was es im Leben oder in der Welt erfährt, nicht erklären kann. Oder weil ihm ungerecht vorkommt, erfindet es eine ausgedehnte Geschichte von sich selbst – frühere Leben – und projiziert seine Wahrnehmung von Ursache und Wirkung in eine Geschichte, die sich über mehrere Leben, ja, sogar mehrere Millionen Leben abspielen kann. Das nennt es dann Karma.

F: Seit einiger Zeit bemerke ich, wie sich alles um mich herum auflöst. Alles verliert seine Bedeutung, das ist irgendwie okay, aber es sind nicht nur die schlimmen Sachen, sondern auch die Schönen. Auf eine Art bin ich irgendwie nur noch, funktioniere gut im Alltag, aber, naja, irgendwie ist alles leer ...

A: Ja, die Welt löst sich auf.

F: Aber das ist es doch nicht, oder? Es fühlt sich so leer an.

A: Naja, natürlich ist es das, aber so wie Du es beschreibst hört es sich sehr nach einer persönlichen Erfahrung an. Es klingt ein bisschen nach Wüste. Alles ist leer und „nichts", aber in dieser Leere sitzt noch jemand herum und erfährt sie. Du, nämlich. Und das fühlt sich an wie in der Wüste sitzen.

F: Ja, rings um mich herum ist nur Leere. Da gibt es auch nichts mehr zum Festhalten. Alles, was ich denke, zerrinnt quasi zwischen meinen Fingern. Aber Du hast schon recht. Da ist ganz klar ein 'Ich', dass es so erlebt.

A: Manche halten das für Befreiung. Wenn man davon erzählt, hört man sich Sachen sagen wie „alles ist leer", „nichts berührt mich". Aber der letzte Groschen ist nicht gefallen. Es ist eben noch jemand da, der es erfährt – scheinbar. Und erst wenn niemand mehr da ist, wird dieses Nichts und diese Leere zu

Allem und Fülle. Dann ist es auch nicht mehr dieses „das ist es nicht und das ist es nicht“, sondern dann wird gesehen, dass es alles ist. Erst wenn nichts und alles zugleich ist, ist es rund. Dann ist Einheit. Dann ist auch Fülle. Allerdings für niemand.

F: Kannst Du bitte etwas über den spirituellen Weg sagen?

A: 'Auf dem Weg sein' ist eine Illusion. Da ist niemand. Spirituelle Wege spielen innerhalb der künstlichen Realität des scheinbaren Ich. Das, was bereits ist, kann nicht „in Zukunft“ erreicht werden, da es bereits ist. Alle spirituellen Wege handeln von einem Ich, das sich auf dem Weg befindet. Nur 'Ich' lebt in dieser Welt aus Zeit und Raum, Ursache und Wirkung, Zielen und Sinn. Es gibt allem, was passiert, eine Bedeutung, wägt sorgsam ab und entscheidet, wie weit es bereits gediehen ist. Kein Weg hat jemals zu DEM geführt. Da ist kein 'Ich', da ist kein Weg, da ist kein Ziel. Scheinbar 'auf dem Weg sein', ist bereits Das. Ist bereits, was gesucht wird. Ist bereits Einheit.

F: Also kann ich daran auch nichts ändern.

A: Nein, da ist niemand. Aber alles, was erscheint, ist es. Für 'Ich' ist eben getrennte Realität, aber tatsächlich ist es ungetrennt. Real und irreal. Und voll.

F: Bei mir ist es so, dass es viele Momente gibt, in denen alles ganz klar ist, aber dann ist da auch immer wieder Leiden und verstrickt sein. So als ob ich es im einen Moment hätte und dann wieder verloren habe.

A: Ja, das kann sein. Allerdings würde ich es anders herum ausdrücken. Es ist nicht so, dass Du es verloren hast, sondern dass dann 'Du' wieder da bist. Ohne Ich, ist Einheit, und niemand, der etwas darüber weiß oder sagen könnte. Sobald dann wieder 'Ich' ist, ist auch die ganze Geschichte wieder da: „Ich hab's verloren; ich muss es finden; ich bin auf einem Weg; 'toll', ich hatte es; scheiße, es ist wieder weg; ich hab's falsch gemacht; es ist alles zwar schrecklich, aber ich bin ja noch auch dem Weg“ ... usw..

F: Aber wie kann ich das stoppen? Ich habe immer das Gefühl, dass ich achtsamer sein sollte.

A: Es ist nicht Deine Schuld. Dieser Wechsel aus 'scheinbar Ich-sein' und 'niemand-sein' geschieht völlig unpersönlich. Da ist niemand, der das macht. Wenn Du denkst, dass Du achtsamer sein solltest, bist Du zurück in der Geschichte. Scheinbar 'Du' bist da und willst woanders hin. Das ist Dualität. Das ist eine Geschichte des scheinbaren Ich, das in Zeit lebt.

F: Ja, okay, aber es ist wirklich anstrengend.

A: Ja, für das scheinbare Ich kann das wirklich anstrengend sein. Fast sogar anstrengender, als wenn dieser Wechsel nicht stattfindet und da nur 'Ich' ist.

F: Wie lange geht das denn noch?

A: Das weiß ich nicht. Es ist noch nicht mal gesagt, dass es überhaupt aufhört. Es wäre auch denkbar, dass bis zum Tod des Körpers einfach ein Wechseln zwischen 'scheinbar Sein' und 'Nicht-Sein' stattfindet und das 'Ich' nie ganz verschwindet.

F: Oh Mann, das wäre aber blöd.

A: (lacht)

Ja, aber für wen denn?

F: Ich hatte vor kurzem ein Erwachen und jetzt habe ich das Gefühl noch heftiger zu leiden.

A: Ja, das kann passieren. Das scheinbare Ich hat richtig auf die Mütze gekriegt. Es hat gesehen, dass es nicht existiert. Und das kann sehr irritierend und aufwühlend sein. Es kann durchaus sein, dass das scheinbare Ich stärker zurückkommt als vorher und in einen Überlebenskampf geht. Und das kann ziemlich hässlich werden (lacht). Immerhin geht es um Leben und Tod. Zumindest scheinbar.

F: Hmm ... okay, aber wie sterbe ich dann?

A: Gar nicht. Da ist niemand, der sterben kann. Nur scheinbar. Das scheinbare Ich macht ein riesiges Theater um sich selbst und seinen Tod. Und wenn es dann geschieht, ist es nichts. Da stirbt nichts, kann gar nicht, weil da nichts ist.

F: Das ist irgendwie erleichternd.

A: Ja, es ist so einfach.

F: Wer erkennt denn, dass da niemand ist?

A: Niemand erkennt das.

F: Aber damit Du davon sprechen kannst, musst Du es doch erkannt haben.

A: Das ist der Trugschluss. Weil Du Dich als jemand wahrnimmst, nimmst Du auch mich als jemand war. Und weil Du glaubst, dass Du weißt, wovon Du sprichst, gehst Du davon aus, dass es hier genauso ist. Dabei habe ich keine Ahnung.

F: Wer sieht denn dann?

A: Nichts. Nichts sieht. Es ist Einheit. Es ist Nicht-Etwas, das erscheint, als 'Sehen von Nicht-Etwas'.

F: Und dieses Sehen ist unpersönlich.

A: Ja, niemand macht es und niemand hat es.

Ende

Jetzt, da Sie am Ende des Buches angelangt sind, muss ich Sie noch auf folgendes Hinweisen: Sie können alles getrost vergessen! Alles, was Sie sich bezüglich des Inhalts dieses Buches vornehmen werden, bereits vorgenommen haben oder verinnerlichen wollen, ist zum Scheitern verurteilt und wird fehlschlagen. Vergessen Sie nicht: Das Ende des scheinbaren Ich ist absolute Einheit und ist auch nur Das, was erscheint. Da ist kein Ich! Einheit – das, was erscheint – hinterlässt keine Spuren, sondern ist einfach nur. Da ist nichts, das Abdrücke hinterlassen könnte. Es ist eine Erscheinung, so wunderbar fein-flirrend, nicht fest. Da ist auch nichts, in dem Abdrücke sein könnten. Kein Urgrund, keine Instanz, kein Ich. Was erscheint, erscheint absolut, und so absolut verschwindet es auch. Sie müssen sich nichts merken, nichts vornehmen, nichts behalten oder üben. Da ist nur DAS und alles, was Sie glauben zu tun oder nicht zu tun, hält Sie auf geradezu magische Weise im Griff des Ich-Seins.

Natürlich nur scheinbar!

Auch wenn da niemand ist, der eine Wahl hat, möchte ich Ihnen doch nichts empfehlen. Ich freue mich sehr, dass Sie sich auf das Abenteuer dieses Buches eingelassen haben. Und Sie können sicher sein, dass Sie viel verstanden, aber (wieder) nichts gelernt haben. Und das ist schön!

1.Alle deutschen Übersetzungen stammen vom Autor. Als Grundlage diente die erste englische Überstzung der Ribhu Gita, The Ribhu Gita, First English Translation from the Original Sanskrit Indian Epic Sivarahasya. Translated by Dr.H. Ramamoorthy, Assisted by Master Nome, veröffentlicht von der Society of Abidance in Truth (SAT), Santa Cruz, Ca, USA, 1994.

2. I am not dead. I have not another life. I am not „just Consciousness." I am not. I cannot be spoken of, nor am I „liberated." I am not „enlightened,"ever. - Ribhu, from the Ribhu Gita 19.36

3. There is no Guru, no disciple, nothing fixed, nothing good or bad, nothing manifold in form, no separate form, no liberation, no and bondage. - Ribhu, from the Ribhu Gita, 22.7

4. Allan Snyder, Neurowissenschaftler, aus der Arte-Dokumentation "Das automatische Gehirn", gesendet am 9.12.2011 um 21:45 Uhr

5. Zitat aus dem Lied ‚The End' aus dem Album ‚The Doors' von der Band The Doors, 1967 – "This is the end, my only friend, the end."

6.All being Consciousness alone, all is ever non-existent. Being of the nature of the undivided, all is ever non-existent. - Ribhu, from the Ribhu Gita, 34.24

7.„It exists not" exists not, exists not, indeed. Even the words „exists not" exist not. All being Consciousness alone, all, indeed, is ever non-existent. - Ribhu, from the Ribhu Gita, 34.27

8. I am devoid of varying interpretations. The sense of oneness also does not exist. All is Brahman. There is no doubt of this. That Brahman am I. There is no doubt of this.- Ribhu, from the Ribhu Gita, 27.8

9.There is nothing such as „ the existence of Brahman." There is no such thing as „Brahman does not exist." There is nothing,indeed, as „is" or „is not." I, indeed, am only Consciousness. - Ribhu, from the Ribhu Gita, 22.7

Zitat auf der Buchrückseite: Matthäus 16,25, aus: Die Bibel, Einheitsübersetzung der Heiligen Schrift, Pattloch Verlag, 1980

Großer Dank für die Unterstützung geht an

Thorsten Müller

Bernadette Baumgartner

Steffen Gester

Traude Rehse-Scholich

Reto Blaschitz

und

Maren Roloff

sowie an

Nikhila Nadine Reichmann,

ohne die das Buch nie geschrieben und veröffentlicht

worden wäre.

Seit 2011 lädt Andreas ein zu seinen OnenessTalks, offene Treffen mit Gesprächen zum Thema 'Sein' und 'Befreiung'. Mit „Weihnachten hat es nie gegeben – Das kleine Buch von Nichts, das Alles ist“ veröffentlicht er nun sein erstes Buch.

Kontakt:

www.thetimelesswonder.com